KAWADE
夢文庫

性と淫蕩の中国史

内藤博文

河出書房新社

カバー装画◉アフロ
図版作成◉新井トレス研究所

中国の性文化は〝世界一の変態〟だった！◉はじめに

日本人の性文化は、世界からは「変態」扱いされることがある。けれども、日本人以上に「変態」であると思われるのは、中国人たちだ。

中国の宮廷では、古来、皇帝のハーレムには宦官たちがあった。宦官とは去勢された男たちであり、彼らは皇帝や皇后、側室らに仕え、後宮の性を担った。また、中国には、纏足の風習が二十世紀までつづいた。纏足とは、強制的に女性の足を成長させない風習であり、中国の男たちは、纏足を見るだけで、興奮した。

纏足は中国大陸のみに見られる習俗であり、世界のどこを見わたしても、こんな性の奇習はない。宦官の場合、ユーラシア大陸の各地に見られたが、中国ほど宦官を愛でつづけた国はない。この二点で、中国の性文化は世界一の変態であるといっていい。

中国の性文化は、中国大陸史の激動にも大きくかかわっている。歴代皇帝は、権力掌握とその簒奪に宦官を利用し、淫蕩の王者でもありつづけてきた。いっぽう、宦官は皇帝を操り、政治を壟断し、これがときとして亡国にもつながった。中国の閨房文化とその歴史には、深い耽溺の闇があるのだ。

内藤博文

性と淫蕩の中国史／もくじ

一 聖人も認めた愛欲まみれの閨房

二 古代の英雄たちが溺れた女色と男色

三 歴代王朝に巣食い、欲望にひたった宦官の闇

四　皇帝たちの荒淫が帝国を迷走させた

五 奔放から貞女へ…変身をとげた女性たち

六 〝小足〟こそ究極の美！男を恍惚とさせた纏足

七 悦楽に耽る権力者、性を愉しめない民

終 拝金の時代に乱倫な性文化が復活！

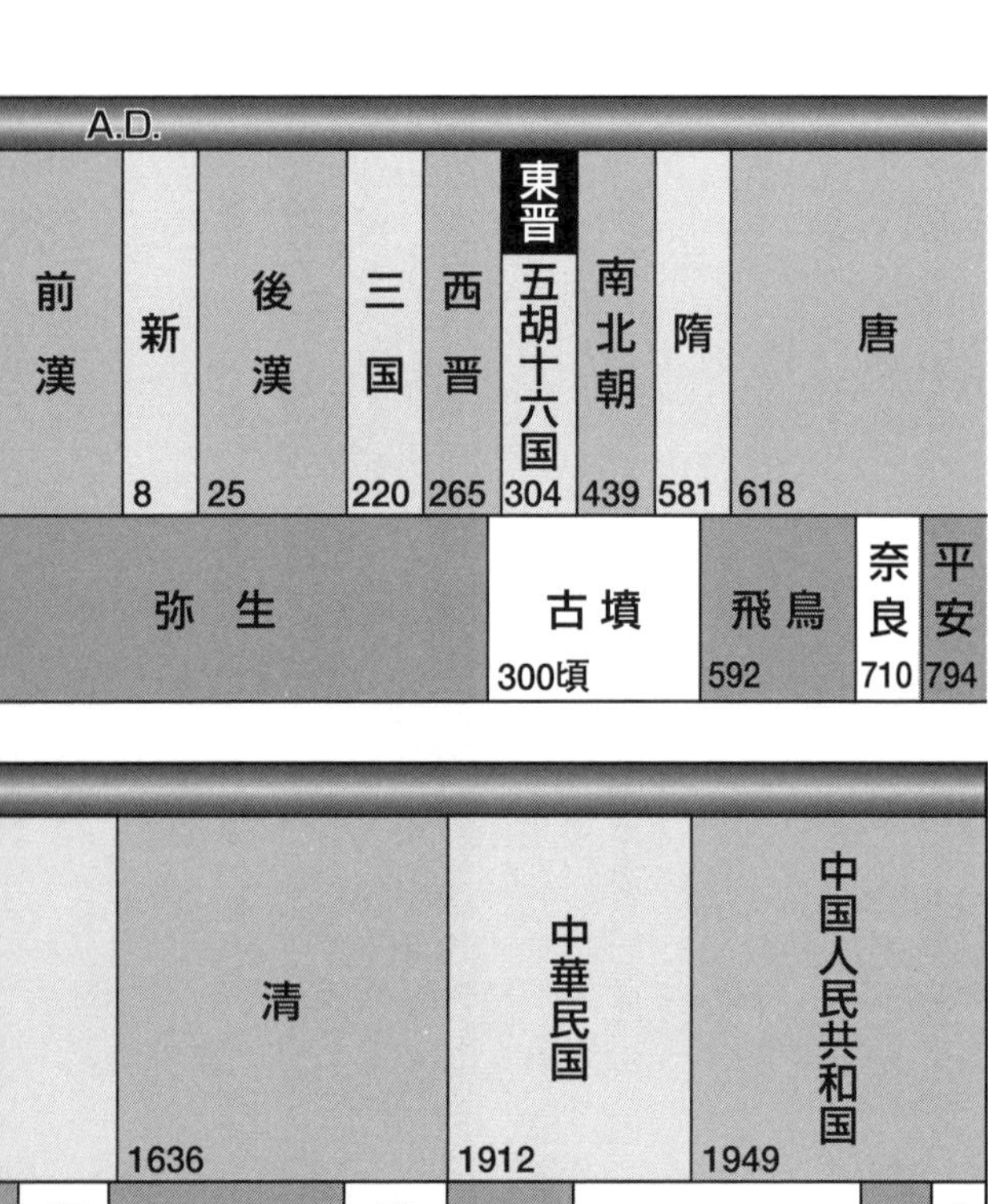
A.D.
前漢
新
8
後漢
25
三国
220
西晋
265
東晋
五胡十六国
304
南北朝
439
隋
581
唐
618
弥生
古墳
300頃
飛鳥
592
奈良
710
平安
794
清
1636
中華民国
1912
中国人民共和国
1949
安土
1573
江戸
1603
明治
1868
大正
1912
昭和
1926
平成
1989
令和
2019

中国の王朝・政権の変遷

B.C.

				周(東周)			
中国	夏 2070頃	殷(商) 1600頃	周(西周) 1046頃	春秋 770	戦国 403	秦 221	202
日本		縄文			弥生 400頃		

			金		
唐	五代十国 907	宋(北宋) 960	宋(南宋) 1127	元 1271	明 1368
平安			鎌倉 1185	室町 1336	

一 聖人も認めた愛欲まみれの閨房

「聖王」と称された堯や舜も、フリーセックスを愉しんでいた！

古来、長く日本はフリーセックスの国であったが、中国大陸にもそんな一面があった。聖王といわれた堯（ぎょう）や舜（しゅん）も、複数の女性とのセックスを愉（たの）しんでいた。

堯、舜は、古代中国の聖王といわれる。中国の歴史は、黄（こう）帝からはじまるとされる。その黄帝から三代のちの王が堯、つづいては舜となり、このあと禹（う）が王位を継承する。

堯、舜、禹は比類なき聖王といわれ、彼らの時代、世の中は平和だったと伝えられる。堯、舜は共に実力主義であり、わが子に王位を継がせることもなかった。堯は舜を抜擢し、舜もまた禹を選んだ。

そんな聖王たちも、女性相手には奔放であった。堯は、ふたりの娘を舜と象の兄弟に嫁がせていた。それは、舜と象の兄弟が、堯の子であるふたりの姉妹を共有するという婚姻であった。姉妹からすれば、舜と象のふたりの兄弟を共有するものであった。これは、「集団婚」といわれる。

「集団婚」は「乱婚」の一種である。「乱婚」は多くの生物に見られ、行き当たりばったりに交尾するのだが、「集団婚」では、一群の男たちと一群の女性たちが互いに夫婦となる。彼らから生まれてきた子らは、みな、きょうだいとなる。

聖王のひとり「堯」

古代中国に集団婚があったのは、ひとつには子孫をより多く、安定して残すためであろう。さらには、性欲を抑制する規範がなかったからでもある。古代中国の男女はフリーセックスの世界にあって、ひとりの男が何人の女性と通じてもよかった。女性もまた、同時に何人もの男と関係をもってよかった。「聖王」といわれた堯、舜とて、そこは同じであったのだ。

古代の中国大陸では、後述するように、比較的早い時代に、フリーセックスが廃れ、形のうえでは「一夫一婦」に転換していく。それでも、辺境にはフリーセックスの習俗がしばらくは残っていたようだ。漢帝国時代の歴史書である『漢書』には、北京周辺の習俗が言及され、この地では珍しい客人がやって来ると、婦女に夜の世話をさせ、これを名誉としたという。

こうした一夜妻の提供は、「接待婚」といわれ、古代の日本でもあった。ヤマトの大王や皇子らは接待婚を利用して、勢力を拡大させた。伊豆に流された源頼朝に伊豆の豪族・北条氏が娘・政子を妻として提供したのも、「接待婚」の名残だろう。接待婚はフリーセックスの一種であり、古代中国でも辺境には残されていたのだ。当時、北京周辺は、いまからは考えられないくらい中国大陸の僻地であった。

「且」は男根、「也」は女性器…性的妄想が生んだ漢字

中国文化の根底にあるのは、漢字である。漢字は、占いを記録した甲骨文字から

生まれ、漢字を手にしたことで、中国大陸には早熟な文明も誕生していた。

漢字はやがて、中華皇帝や中国文化を権威づけするほどの存在にもなるが、漢字には中国人の性的妄想の産物がある。たとえば、「且」という漢字は、ペニスに由来する。「且」は、祭祀にあって供え物をのせる台の形に由来するともいわれるが、勃起した男根の文字化という説もある。

男根崇拝は、世界各地に見られるもので、古代中国にもあった。古代中国には、石や陶器でできた男根があり、これが「石祖」「陶祖」とも呼ばれてきた。

中国における男根崇拝は、祖先崇拝と結びついている。漢字の「祖」は、甲骨文字の「且」に由来する。「祖」の「しめす偏」は、古代には神を敬うことを意味した。「祖」とは、神のごとく男根を敬うことを意味し、やがて子孫の豊穣をもたらす祖先を意味するようになった。

これには異論もあり、「しめす偏」は、もともとは女性器を表していたという説もある。「祖」は男性器と女性器が交わった漢字であり、セックスを意味し、さらには祖先を意味するようになった。いずれにせよ、男根崇拝と祖先崇拝は「祖」の文字で結びつき、中国社会は祖先をひじょうに重んじるようになったのだ。

中国社会は、宗族社会ともいわれてきた。「宗族」とは、姓を同じくする父系集団である。彼らには共通の祖先があり、共通の祖先を敬いつづけることで、結束力を強めていく。宗族には相互扶助があり、子どもたちには学問も施された。

宗族は、戦乱の多い中国大陸にあって、住人たちが身を守る術であった。宗族のなかに身を置くなら、宗族内で守られる。もちろん宗族どうしの戦いともなれば、男たちは決死の戦闘を覚悟しなければならないが、それでも宗族集団にあるなら、困難な時代を乗り越えられもした。

中国では宗族社会が形成されるほどに、祖先崇拝が強まる。その祖先崇拝の根本にあったのは、男根崇拝、セックス崇拝であったのだ。

いっぽう、女性器の漢字化は「也」ともいう。「也」は、蛇を文字化したという説もあるが、女性器説も根強い。

また、「色」という漢字は、日本でも「色事」「女色」「色魔」というように、セックスに通じる。それは中国に由来し、中国では「色」＝セックスであった。「色」という字を解体していくと、ふたりが体を寄せ合っているように見える。つまり、「色」には男女の交合という意味があったのだ。

もっと具体的にいうなら、「色」は後背位を意味するのではないかとされる。

「色」という漢字は、ふたりの体の寄せ合いだが、これをよく見ていけば、ひとりが身をかがめ、もうひとりがそこに重なろうとしている。つまり後背位であり、古代中国でのセックスにあっては、この体位がさかんであったとも考えられるのだ。

孔子は聖人ではなかった?! エロに寛容だった儒者たち

中国は、聖人君子の国ともいわれてきた。日本人の思いこみでは、聖人君子は、色事を遠ざける。セックスに対しても否定的な朴念仁のような印象がある。けれども、それは誤解である。

たしかに朱子学以降の儒者は、色事を戒めようとした。日本や朝鮮半島では、朱子学の影響から、理想的な人物ほど、性と無縁に生きなければならないような思いこみもあった。

しかし、儒教には、もともと色事を忌避するような思想はなかった。儒教の祖といわれる孔子、さらに彼の後継者といわれる孟子らは、セックスを積極的に認めていた。

『論語』では、孔子は「私は好色のごとく好徳の者を見たことがない」と語っている。孔子は好色を否定せず、孔子にとって、好色と好徳の対立もありえない。高い徳をめざす者は、色を好む者ほどの熱意がないから、好色者に負けぬほど励めと叱咤(しった)さえしているのだ。

また、孟子の言行録『孟子』には、「好色は人間の欲である」「食欲、色欲は、人間の本性である」とある。孟子もまた、人間の性欲や好色を認め、好色だからこそ人間であるとも説いていたのだ。

孔子、孟子ら儒者が、性を肯定的にとらえていたのは、古代社会以来の男根崇拝、祖先崇拝の影響であろう。中国で祖先崇拝が強まるほどに、祖先のためにも子孫を絶やしてはならないという発想に行き着く。子孫を絶やさないためには、つねにまぐわうしかない。孔子も孟子も祖先崇拝の人であり、性にはおおらかであり、肯定的であったのだ。

その男根崇拝、祖先崇拝から生まれたのが、位牌(いはい)である。日本の仏教の葬式でも使われる位牌だが、じつのところ仏教の生まれた地・インドの由来ではない。位牌はもともと中国大陸にあり、儒教がこれを葬式に大々的に取りこんだのだ。

その位牌の形は、「且」にそっくりだ。漢字の「且」が男根の象形であるのと同じく、位牌の形も男根を象(かたど)ったものだ。位牌には表向きには祖先崇拝があるが、その根底には中国大陸に根深く定着した男根崇拝があるのだ。

儒教集団は祭祀儀礼に長けており、なかでも「葬儀屋」としての需要があった。儒教によって位牌は中国大陸に根付き、インドから渡来した仏教も、中国大陸に浸透していくときに位牌を葬式に取りこんだ。それが、日本にも伝わったのだ。

古代中国の男根崇拝を思うなら、位牌を拝むというのは、男根を拝むようなものなのだ。

一夫一婦制の陰で、なぜ「長子殺し」が続発した？

古代中国には、すでに述べたような「集団婚」があった。集団婚は一種のフリーセックスであり、母系社会の産物であった。けれども、古代中国では、しだいに集団婚が廃れ、形のうえでは「一夫一婦」という婚姻スタイルに変わっていく。それは、父系社会への転換であり、日本における一夫一婦の確立よりもずっと早い。もしかしたら、数千年早いとさえいえる。

中国で早くに一夫一婦制めいたものがはじまったのは、強い権力者の登場がありながらも、戦乱がつづいたことにある。古代中国では、禹を開祖とする夏王朝があったとされる。夏の実在はまだ証明されず、確実にあった王朝となると、殷王朝だ。

殷王朝は、紀元前十六世紀ころから紀元前十一世紀ころまでつづいた。

その殷王朝に代わったのが、周王朝だ。周王朝は紀元前八世紀ころには弱体化し、およそ五五十年に及ぶ春秋・戦国時代となる。

古代の中国大陸では戦乱が絶えず、ときおり野心家が強大な権力を握りながらも、また滅びていく。そんな激烈なサバイバルの時代、男たちは武器を手にして戦いつづけ、さらには智略を練り、その地位を上げた。

逆に女性は地位を下げた。中国大陸では男性優位の時代がはじまり、大きな力を得た男たちは財と人とを私有した。

征服した部族の住人は奴隷として私有化され、女性もまた男たちの私有となった。こうして、古代中国では、母系社会から父系社会へと移行がはじまり、そんななか、一夫一婦制が生まれていったのだ。

ただ、中国における一夫一婦制はあくまで建前である。中国では、周王朝の時代にもなると、秩序を求める論理が求められ、礼が重視されたという。そうした秩序のひとつとして、一夫一婦があったのだが、現実には、妻は夫の所有物でしかない。男が、妻以外に妾をもつことが当然のように許された。つまりは中国の実態は、一夫一婦制の皮をかぶった「一夫多妻」であったのだ。

こうした父系社会、形のうえでの一夫一婦への移行の過程で起きていたのが、「第一子殺し」と「捨て子」の横行だ。一夫一婦の理念のもとに婚姻がなされた場合、夫はしばしば第一子を殺してしまったのだ。あるいは、捨ててしまっていた。

それは、わが子に別の男の血が入っているのではないかという疑惑ゆえである。すでに述べたように、古代中国社会は、フリーセックスの「集団婚」であった。女性が複数の男と交わるのは当然であり、彼女から生まれてきた子の父親はいったい誰なのかは特定しにくかった。

それでも、母系社会ならその子を一族で育て、父親が誰なのかは問題にならなかった。けれども、父系社会に移行し、妻が夫の私有物のようになると、話は違ってくる。

その女性の唯一の夫となった男は、その女性の胎に自分以外の男の子が宿っていないか疑念をもってしまう。いかに一夫一婦がはじまろうと、フリーセックスの風習もつづいている。そんななかで女性の私有がはじまると、夫となった男は疑念に駆られてしまう。

しかも、父系社会に移行するほどに、長子への相続が通例化していく。これまでは兄弟で相続があったのだが、私有の習慣が広まると共に、兄弟間での相続は廃れる。兄弟とて、他人である。男は、みずからの血をひく長子にすべてを引き継がせたかった。

その長子が、じつは別の男の血をひいていたとなると、男の相続への願望はぶち壊しになる。その末に長子殺しがあり、捨て子があったのだ。

古代中国で「売買婚」「略奪婚」が横行した理由とは

古代中国に定着していった一夫一婦のあり方は、かならずしも平和的なものではなかった。古代中国の一夫一婦制を支えていたのは、「売買婚」と「略奪婚」である。

「売買婚」とは、女性を売買して自分の妻とするものだ。女性を所有している相手に金銭なり物品なりを提供して女性を娶る(めとる)わけで、女性は金銭・物品で引き換え可能な従属物であったことになる。

「略奪婚」は、女性を文字どおり強奪し、娶るというものだ。そこには当然、暴力をともない、部族どうしの襲撃合戦でもあった。あるいは、略奪せずとも、女性を献上させて済ますこともあった。強力な王や武人の前には、弱小部族はすくみあがり、女性を献上し、和を乞う(こう)しかなかった。後述する夏の桀(けつ)王の愛人・妺喜(まっき)、紂(ちゅう)王の愛人・妲己は、共に服属した部族から献上された女性であった。

「婚」という漢字は、略奪婚の存在を物語ってもいるとされる。「昏」とは、闇夜のことである。古代中国では結婚の儀式は夜に行なわれていたから、「婚」の字が生まれたという。

なぜ、古代中国で婚儀をわざわざ夜に執り行なっていたかといえば、闇夜が略奪に適していたからだ。闇夜なら襲撃が成功しやすく、また、追手の追跡をかわしやすかったのだ。

なぜ、「売買婚」「略奪婚」が一夫一婦の根底にあったかといえば、女性を確実に私有したかったからである。フリーセックスの時代なら、性の求めを女性は比較的軽く受け入れてくれる。性の相手には事欠かない。けれども、一夫一婦となると、女性は誰でも受け入れるわけにはいかなくなる。女性と交わるハードルはいきなり高くなり、これを越えるために、「売買婚」「略奪婚」にはしったのだ。

妻の役割は「跡継ぎの男児を産むこと」のみだった

古代以来、中国では妻の地位は不安定だ。というのも、妻は跡取りとなる男児を出産してはじめて評価される存在でしかないからだ。いくら女児を産もうと、夫や一族からは何の評価もしてもらえないのだ。

そこには、儒教や祖先崇拝の影響がある。儒教は、子孫の繁栄をめざした教えでもある。『孟子』では、三つの「不孝」が説かれている。祖先を祀らないこと、親に孝養を尽くさないこと、男子をなさないことの三つである。なかでも、跡継ぎの男子をなさないことが、最大の不孝とみなされた。

儒教では、祖先を祀る資格があるのは男に限られている。祖先を祀り、子孫をつくることこそが家の役割であり、その中心にあるのは夫である。いくら女児を産もうと、女性では祖先を祀れないし、跡取りにもなれないのだ。

日本でもたしかに「家」が重視され、跡取りが誕生することが願われてきた。けれども日本の場合、跡取りがなく、その家が断絶しても、諦めが残るだけである。一族に連なる者もそうとやかく言わないのだが、祖先崇拝に支配されてきた中国の跡継ぎ信仰は根深い。跡継ぎがないことには、祖先を祀れず、面目を完全に失ってしまうのだ。

中国大陸における家の論理からすれば、妻は「跡継ぎを産む」だけの存在にすぎない。跡継ぎを産んだからといっても、その一族のなかに入れてもらえるわけではない。中国では、夫婦は別姓である。それは男女平等の理念から生まれたものではなく、妻は家の者ではないという認識にはじまっているのだ。

女色に溺れた暴君たちがたどった悲惨な末路とは

中国大陸の歴史では、しばしば皇帝や王が女性に溺れすぎたばかりに、国を滅ぼすことがある。あるいは、国を傾けることがある。

そこから、君主がその色香に迷って国を傾け、滅ぼしてしまうほどの美女を「傾城」という。「傾城」という言葉は、早くも『漢書』に登場しているくらいだから、中華皇帝と美女の関係はじつに危うい。

傾城による亡国は、夏王朝の桀王にはじまるとされる。殷には紂王という暴君があり、桀王、紂王をして「桀紂」という。「桀紂」は、色香に迷った暴君の代名詞のようになっている。

桀王はもともと武勇に秀で、智略にも長じた人物であったというが、和を乞うた有施氏から献上された妹喜の色香に眩んでしまった。桀王は女色に耽りはじめ、政治を省みなくなり、国力を衰えさせた。

酒池肉林に耽った妲己

女色に溺れた桀王は、隙を衝かれる。衝いたのは殷の湯王である。湯王の前にさしもの桀王も敗れた。これにより夏王朝が滅び、殷王朝が始動している。

殷の紂王は、「酒池肉林」の故事で知られる。紂王は妲己を悦ばせるために、離宮の庭園内に酒で池をつくり、肉を架けて林をつくった。そして、庭園内で裸の男女を遊ばせ、悦楽に耽らせ、これを見て愉しんだ。これが「酒池肉林」だ。

紂王も女色に溺れるほどに、隙が多くなった。そこを衝いたのが、周の武王である。武王は紂王を討ち、周王朝を開いたとされる。

桀王、紂王の故事が、どれだけ事実を伝えているかはわからない。歴史が勝者によってつくられるなら、彼らは必要以上に悪しざまに語られた可能性が高い。

それでも、この故事は、古代中国の閨房（寝室）の一端を物語りもしよう。彼らの破滅は、中国女性がセックスを知り尽くし、男を虜にする方法も知っていたことを示唆するものだろう。よりどりみどりであるはずの皇帝、王でさえも、ひとりの女性に溺れてしまうのだ。彼女によほどの美貌があるか、男を骨抜きにするくらいの心理テクニック、性的技巧があるかでないと、こうはならない。

古代中国では、女性は男に対してしだいに従属的な立場になるが、女性もしたたかであった。彼女たちは、皇帝や王を虜にしてしまえば、すべてがみずからの意のままに動くことに気づき、実行していたのだ。

それは、皇帝や王に潜在的な敵意を抱く者たちには、我慢のならぬ所業でもあった。下位にあるはずの女性の言いなりになる皇帝や王のことを許せなくなる。現に紂王を討った周の武王は、紂王のことを「婦人の言いなりになって、祖先の祀りを捨て、政治を怠っている」と非難し、兵を集めているのだ。

周王朝の時代、君主たちのハーレムは巨大化した

桀王、紂王の故事が物語っているのは、古代中国におけるハーレムの形成でもあ

る。桀王の時代、性の相手となったり、音楽を奏(かな)でたりする女奴隷が三万人あったという。

三万人というのは中国独得のオーバーな数字であるとしても、「酒池肉林」の言葉がひとり歩きするくらい、古代中国には王のための巨大な後宮(こうきゅう)（皇帝や王などの后妃(こうひ)が住まう場所）があったようだ。

じっさいのところ、古代中国にあって後宮の制度が整うのは、桀王や紂王の時代ののち、周王朝の時代からだとされる。周王朝は、紀元前十一世紀にはじまり、陝西(せんせい)省の渭水(いすい)盆地を中心として、領域を拡大する。この時代に後宮は大型化し、多くの女性が後宮に入った。

後宮が大型化すれば、そこに上下の秩序が求められるようになる。周王朝の時代、後宮の制度が整えられ、ピラミッド型の階層が定められた。この周の後宮制度が、周につづく中国大陸の歴代王朝のモデルとなっている。

それによると、王にはひとりの「皇后」があり、彼女が後宮のトップとなる。つづくは、三人の「夫人」である。これにつづくのが、九人の「嬪(ひん)」、二十七人の「世婦(せふ)」、八十一人の「御妻(ぎょさい)」であった。

後宮では、それぞれの役割も定められていた。「夫人」は婦人の礼を定め、女性たちの手本にならねばならなかった。「嬪」は婦人の徳を教育する係であった。「世婦」は冠婚葬祭を担当し、「御妻」は王の夜伽相手や世話係であった。

王、皇帝のまわりには数多くの美女があり、彼女たちは王の寵愛を得るために競った。それは頽廃化しやすく、ゆえに周以前にあっても、桀王、紂王のように愛人でつまずく王たちがいたと語られるようになったのだ。

「笑わない美女」に翻弄され、国を崩壊させた王

中国の古代王朝、夏と殷は女性で滅び、周王朝もまたその轍を踏んでしまった。周王朝を奈落の底に落としたのは、褒姒という女性である。

周王朝の第十一代王は、宣王だ。宣王が即位した時代、周王朝は衰微に向かいつつあったが、宣王はこれを立て直す。その宣王が没すると、彼の子が幽王として即位する。この新たな王・幽王を魅了したのが、褒姒である。

褒姒は、笑わぬ美女であったという。笑わぬ美女のどこがよかったのかはわからないが、褒姒が魔性の女だったからなのか、ともかく幽王は褒姒に完全に絡めとられていった。

美貌で幽王を惑わせた褒姒

幽王と褒姒のあいだに子が生まれると、褒姒はその子に幽王の跡を継がせたいと考えた。褒姒に籠絡された幽王は、皇后・申后とのあいだにできた太子を廃嫡し、褒姒を新たな后にした。これに内心、怒りを溜めこんだのが、申后の実家・申侯である。

幽王は、氷のように笑わぬ女性・褒姒の笑った姿を見たかった。あれこれ手を尽くしたものの、彼女は笑ってくれない。

そんななか、幽王は戯れのひとつに、狼火（のろし）をあげさせた。諸侯らは王の一大事とばかり、あわてて駆けつけたが、敵らしき姿はどこにも見つからない。諸侯が戸惑いの表情を浮かべたとき、笑わぬ褒姒がはじめて笑った。

その笑顔に、幽王は魅せられてしまった。幽王は、褒姒の笑う姿見たさに、以後、何度も狼火をあげるようになる。当初は、何度もあわてて駆けつけていた諸侯だが、さすがに回を重ねるうちに、集まらなくなりはじめた。

そんななか、異民族である犬戎が周に侵攻、都の鎬京を陥落させた。幽王は亡国の危機に狼火をあげたが、諸侯は誰も駆けつけてこなかった。首都陥落によって、周王朝は都を東の洛邑に移転せざるをえず、周王の権威は大きく低下した。以後の時代は、東周と呼ばれる。

褒姒の故事がどこまで事実なのかは定かでないが、犬戎の周への侵攻の背後には、幽王から遠ざけられた申侯の画策があったようだ。申侯は犬戎と組み、恨みに思っていた幽王の天下を突き崩してしまったのだ。

褒姒の物語は皇帝や王がひとりの寵姫に耽溺すると、遠ざけられた者たちが反撃に出るという話でもある。中国では、このパターンがたびたびくり返され、のちの安史の乱も、玄宗皇帝による楊貴妃の溺愛に武将・安禄山が不満を溜めたことが原因となっている。

なぜ、中国の皇帝たちは女性を「副葬品」にした？

褒姒の美貌に眩惑され、国を危うくした幽王だが、じつのところ彼は褒姒ひとすじの男でもなかったようだ。というのも、彼の墓から女性の遺骨が多く出土したからだ。

幽王の墓からは、じつに百体以上の遺骨が発見されている。このうち、一体が男性のものである以外は、すべて女性の遺骨だった。

幽王の墓から多くの人体の遺骨が出土したのは、彼らが幽王の「副葬品」であったからだ。これは、「殉葬（じゅんそう）」ともいわれる。中国では、古代以来、殉葬の風習があった。王が没するなら、王に愛された者たちは、王と共に墓に行くことになり、ここで生き埋めにされた。あるいは、殺されて、亡き王のお供をすることとなった。

幽王も例外ではなく、殉葬者が多かった。その大半が女性であったということは、彼女たちはそのほとんどが幽王の後宮の女性であったと思われる。

幽王に限らず、中国の歴代の皇帝や王たちは愛人の殉葬を求めた。王の後継者は、その遺志を汲（く）み、愛人だった女性たちに殉葬という死を強制したのだ。

そこには、「女性は男の所有物」という意識が露骨なまでに表れている。王の愛人は王の所有物であり、王が死ぬなら、王の副葬品となるのが当然であるという考え方だ。

中国大陸にある女性にとって、皇帝や王の愛人となることは、栄華を得るチャンスである。けれどもそのいっぽう、皇帝や王が没するなら、その栄華はあっというまに終わり、死さえ求められるのだ。

中国大陸における殉葬の風習は、周のあとも長くつづき、明帝国の永楽帝にも多くの殉葬の女性たちがあった。

その風習が終わるのは、十七世紀、満洲に勃興した清帝国が中国全土を支配するようになってのちだ。中国大陸の漢族とは異なる文化、風習をもつ満洲人にとって、殉葬はあまりに忌まわしいものだったのだ。

かかわった男の精を吸い尽くした妖女・夏姫

古代中国には、褒姒や妲己ら、個性的な美女があり、王を性の世界に耽溺させ、没落させた。

古代中国では、女性は男の所有物でしかなかったが、いっぽうで女性は性を愉しみ、性の技巧で最高権力者をもみずからの世界に引きこんでいたのだ。

その古代中国にあって、もっとも淫蕩三昧にあったのは、夏姫であろう。夏姫は鄭の穆公の娘であり、波瀾の人生を送っている。

彼女を愛した男は、まるで彼女に精を吸い尽くされたかのように、不幸な死に方を遂げている。

夏姫の最初の結婚相手は、陳の国の大夫であった夏御叔である。夏姫は夫とのあいだに子・夏徴舒を産んだが、夫・夏御叔は早世してしまう。夏姫が謀殺したとも、夏姫の淫乱に精気を吸い取られた果てのことともいわれる。

未亡人となった夏姫だが、夫がいなくとも、淫蕩の相手に事欠かなかった。陳の大夫である孔寧、儀行父のふたりと性愛を愉しみ、さらにここに陳の霊公も加わった。夏姫は三人の男たちをもてあそび、陳の国は正体を失いつつあった。

このさまを憎んだのが、夏姫の子・夏徴舒である。成長した彼は、霊公を殺害してしまう。夏徴舒の凶行を恐れた孔寧、儀行父は楚の国へと亡命する。

楚の荘王は、ふたりの亡命を受け入れるとともに、陳へと軍を侵攻させた。楚軍は陳を占領、王殺しの夏徴舒を処刑した。残されたのは、夏姫である。

楚の荘王は、夏姫をひと目見て、ぞっこんであった。荘王は夏姫を愛人にしようとしたが、このとき大夫の屈巫（巫臣）が諫めた。夏姫の淫乱は、すでに陳の亡国のもとを生んでいる。

男たちは夏姫に精気を吸い取られてしまうと諫言すると、荘王もさすがに夏姫を諦めた。代わって、家老格の襄老に夏姫があてがわれた。

その襄老も、すぐに死んでしまう。夏姫の妖しさが、彼の生を縮めたともいう。

代わって、夏姫と通じたのが、襄老の子・黒要であった。

この先、夏姫を手に入れるのは屈巫である。彼は夏姫欲しさに、荘王に諫言し、そのときを待っていた。

夏姫が陳の国への帰還をゆるされてのち、屈巫は夏姫を我が物とする。けれども、その後、屈巫は戦いと謀略に追われ、彼もまた幸福な人生をまっとうできたかどうか。

夏姫の物語は、古代中国では男を破滅に追いこむような魔性の女が好まれてきたことを示すだろう。古代中国にも処女信仰があったようだが、それ以上にセックスの技巧にすぐれた、妖しい美女に男たちは惹（ひ）かれたのだ。

女たちも、性欲を抑制するどころか、全開にもした。男を食い尽くすほどの快楽を求め、性の世界を堪能（たんのう）した。それを咎（とが）める男もいなかったのだから、古代中国の性の世界は奔放で、自由であったのである。

妖姫と呼ばれる美女・夏姫

名臣・管仲が始動させた官営売春の真の目的とは

売春は古くからある商売であり、もちろん古代中国にもあった。古代中国では、春秋時代に官営買春もはじまる。これを始動させたのが、斉の国の名臣として知られる管仲である。

管仲は斉の桓公に起用され、斉を大国へと導いた天下の名臣である。その管仲が、わざわざ国営の妓院を開設したのだ。

管仲が国営妓院を設けたのは、ひとつには主君・桓公を満足させるためだ。世の君主はたいてい女好きであり、桓公とて例外ではない。管仲は桓公に十分な女道楽をさせたかったのだが、じつはそれ以上に大きな目的があった。

最大の目的は、国庫を潤すためである。国営の妓院が開設されるなら、女に飢えた男たちが群がり、そこにカネを落とす。そのカネをもとに、斉は富国強兵を進めることができる。

さらに、国営妓院は人材を広く集める場になる。この時代、中国大陸にはさまざまな思想家があり、各地を遊説して歩いていた。

遊説して歩くような思想家は、たいてい有能な野心家であるうえ、女好きだ。斉に「女の花園」国営妓院ができたと聞けば、斉を訪れよう。彼らを取りこみ、起用するなら、斉の国力は高まる。

また、斉の国には国営妓院を運営できるほどの妓女を用意できた。当時、斉は周辺国を攻略し、多数の女奴隷たちを獲得していた。彼女らを国営妓院で働かせればいい。国内で罪を犯した女性たちも妓女となり、働かされた。

管仲の国営妓院政策は当たり、斉は国力を増大させ、桓公は春秋五覇のひとりとなっている。以後、諸国は斉を真似(まね)て、国営妓院を開設するようになった。

美女や美少年を献上する「セックス外交」の実態とは

古代中国では、女性は男たちの所有物であり、男たちは目的のために女性の価値を徹底的に利用した。そのひとつが「セックス外交」だ。セックス外交とは、美女を贈り物にする外交だ。

その目的はさまざまだが、ひとつには敵の弱体化という狙いがある。敵の王が贈り物の美女にうつつを抜かすなら、国政は停滞するのみならず、大きな隙さえもが生まれる。あわよくば、その隙を衝いて、敵を滅ぼそうという算段である。

もっとも有名なのは、呉越（ごえつ）の抗争にあって、越の国が贈った美女・西施（せいし）だ。春秋時代の末期、中国大陸南部では、呉の国と越の国が激しい抗争をくり返した。呉王・夫差（ふさ）が長年の苦難を乗り越え、越の国を下すと、越王・勾践（こうせん）は夫差に屈従（くつじゅう）を願い出るしかなかった。

勾銭は幸いにも許されたが、呉に対する復讐を内心で誓った。彼は強兵政策を採りつつ、呉王・夫差には西施をはじめとする美女たちを贈り物とした。西施は貧しい家の出自であったが、その美貌を買われ、贈り物とされたのだ。

越王の計算どおり、夫差は西施にぞっこんとなる。夫差は西施に夢中になるあまり、国防を疎（おろそ）かにし、もっとも才幹のある臣を自害に追いこんだ。この呉の弱体化を前に、越王・勾践は呉へと攻勢を仕掛ける。

西施に籠絡（ろうらく）された夫差には、かつての智略・勇武もなく、越軍に敗戦、ついに自殺して果てた。

ただ、越の覇権に大きく寄与したにもかかわらず、西施に大きな報償はなかった。越に帰国すると、越王・勾践の夜の相手をさせられたという。王のセックス・パートナーになるのだから名誉ともいえるのだが、勾銭にとっての西施は、呉を打倒するためのひとつのパーツにすぎなかったようだ。
呉王・夫差を破滅に追いこんだ美女・西施は、「顰みに倣う」の言葉の由来になっている。

西施には胸が痛む持病があり、ときおり発作にさらされると、胸元を押さえ、眉間（顰み）に皺を寄せた。その姿がなんともはかなげで、見る者を魅了した。西施を真似たのが、容貌がさほどでない女性であった。彼女が眉間に皺を寄せると、期待に反して男たちは逃げていった。

そこから、「顰みに倣う」は、むやみに他人の真似をするのは愚かなことであるという意味になった。ただ、日本にあっては、先人の行為をみずからも行なうとき、へりくだる意味で使われている。

勾践が夫差に差し出した西施

また、秦（春秋時代の一国。のちの始皇帝の秦国とは異なる）の穆公も「セックス外交」を展開している。当時、秦には西戎という強敵があり、秦は西戎の脅威から逃れたかった。

そこで穆公は、女性の歌舞団を西戎王のもとに贈った。西戎の王はこれをたいそう悦び、彼女らと毎晩戯れるようになった。

西戎では政治が機能しなくなり、有力な家臣たちが王を諫めるが、王は聞かない。そのため、有力な家臣たちは去っていき、西戎の脅威は減退していくことになった。秦の穆公は、戦わずして自国の安定を得たのだ。

中国の「セックス外交」は、女性のみならず、美少年も利用している。中国では、古代から同性愛もさかんであり、美少年好きの君主も少なくなかった。彼ら男色家を骨抜きにしたいとき、美少年が贈り物になったのだ。

たとえば、春秋時代のことだ。晋の献公は虞の国を打ち倒したいと狙っていたが、虞には宮之奇という賢者がいる。彼があるかぎり、虞の攻略は難しかった。

そこに家臣が、「美男は老を破る（美男は老臣の諫言にも打ち勝つ）でしょう」と献策する。

これを聞き入れた献公は、虞の国の君主に美少年を贈った。思惑どおり、虞の君主は美少年と懇ろとなる。スパイである美少年は、賢臣・宮之奇を悪しざまに言ったから、宮之奇の諫言は遠ざけられた。

宮之奇は諦め、ついに虞を去る。宮之奇のいない虞は脆く、晋の献公の前に完全に屈することとなった。

女性を利用した美人局(つつもたせ)は、世界のどこにでも、いつの時代にでもある。女性をスパイに送りこむ手口も、世界各地にある。

けれども、中国のセックス外交はより大胆であり、大きな目的をもっていた。贈り物となった女性も男性も、みずからの価値や使命をよく理解していたようだから、中国大陸の住人は性の利用に長けているとしか言いようがない。

現代日本も、中国の「セックス外交」には、からきし弱い。中国にある日本大使館員がハニートラップにひっかかり、中国側のスパイに仕立てられるという話は多々出回っているが、多くは根拠なき噂ではなかろう。

二 古代の英雄たちが溺れた女色と男色

秦の始皇帝は、母の異様な淫蕩に悩まされていた

紀元前二二一年、秦王・政は、中国大陸を制覇し、始皇帝として即位する。始皇帝は独裁者として知られるが、じつは悩みの多い人物であった。というのも、彼の母がじつに奔放な女性であったからだ。

始皇帝の父と母が出会ったのは、本国・秦ではなく、趙の国であった。当時、始皇帝の父・子楚は趙で人質になっていた。その子楚に接近したのが、呂不韋という豪商である。呂不韋には、子楚を擁立する野心があり、ふたりは親密となった。

その呂不韋の愛人が、始皇帝の母となる。彼女はもともと踊り子だったが、子楚に見初められる。呂不韋は、彼女を子楚に譲り渡し、結婚させた。彼らから生まれるのが始皇帝なのだが、彼女は子楚と床を共にする前に、すでに呂不韋の子を宿していたといわれる。つまり、始皇帝には秦の王家を継ぐ正統な血脈がなかった可能性がある。秦の王族とは関係ない金持ちと踊り子のあいだにできた子であり、これが始皇帝のコンプレックスとなった。

いっぽう、呂不韋は子楚を帰国させるために策謀し、子楚の帰国が実現する。子楚が荘襄王として即位すると、呂不韋は宰相に任じられた。荘襄王が没したとき、秦王・政はまだ十三歳の少年だったから、しばらくは呂不韋と母が政治を見た。呂不韋と母は、いまだ男女の関係にあったから、少年・始皇帝は、苛立ち、ささくれだった心を鎮められなかったであろう。

しかも、始皇帝の母は呂不韋のみに飽き足らず、宦官の嫪毐とも関係をもっていたといわれる。宦官はペニスを去勢した男であり、ゆえにハーレムで女性たちに仕えた。しかし嫪毐は、じつは男根を切り落としていなかったという。始皇帝の母は彼に夢中になり、嫪毐一派は宮中で大きな勢力ともなっていた。

始皇帝、つまり秦王・政は、二十三歳になったとき、親政をはじめる。彼が始末しなければならなかったのは、母の愛人たちだ。まずは嫪毐を捕えて、車裂きの刑に処し、呂不韋には圧力をかけ、自殺に追いこんでいる。始皇帝は、実父を殺さねばならぬほど精神的に追い詰められていたのだ。

こののち、始皇帝は大きな宮殿を造営し、巨大な後宮をつくりあげた。始皇帝のもとには、秦が滅ぼした各国から美女がかき集められていた。

けれども、始皇帝には女道楽の話があまりない。彼が政治に忙しかったからでもあるが、母の奔放に振り回された記憶から、女性に対する不信感のようなものがあったのではないか。

始皇帝と彼の母のエピソードが物語るのは、古代中国にあって、女性たちは奔放に生き、男を求めつづけたことである。美貌と性のテクニックに長け、運さえつかめば、皇帝の母にだってなれるのだ。その間、男を取っ替え引っ替えしようと、誰も糾弾できない。せいぜい始皇帝のように、子がひそかに悩むくらいなのだ。

ハーレムに入る女性の多くが不幸な一生を送った理由

中国大陸初の統一帝国である秦は、始皇帝の死後、すぐに瓦解。代わって、中国大陸の覇者となったのは、劉邦率いる漢帝国である。

秦・漢帝国以来、中国大陸に築かれたのは、巨大なハーレムだ。すでに周のころから中国には大きなハーレムがあったが、中国全土を統一した帝国となると、その後宮も超大型化する。皇帝たちは、後宮の女性たち相手に淫蕩三昧であった。

ただ、中国の後宮は、皇帝には極楽であっても、女性たちにはそうでもなかった。たしかに、皇帝の寵愛を得られるなら、栄華の道を歩めよう。豪華な衣装をまとい、美食にもありつける。けれども、そうでない多くの女性たちにとって、後宮の生活は味気なく、未来のないものであった。

というのも、中国大陸の歴代王朝にあっては、後宮に入った限り、その女性は死ぬまで外に出ることはできないからだ。二度と親やきょうだいにも会えないし、どこかで男に嫁ぐことも許されない。皇帝の相手をしない限り、一生、男を知らないまま死ななければならなかった。これなら、市井の女性のほうがずっと人間的な生活を愉しんでいたといえるだろう。

しかも、後宮にある女性は、寵愛された者を別として、贅沢とは無縁な生活を余儀なくされていた。住まいも粗末であれば、食事も大したものではなかった。

こうして青春を失い、無駄に歳を重ねるだけなら、まだましといえるかもしれない。後宮は陰謀の渦巻く場所であり、歴代皇帝は猜疑深いうえに、気まぐれ、わがままだ。身に覚えのない罪をでっちあげられ、処刑される女性もあった。守ってくれる者はどこにもなく、彼女らは孤独であり、死に怯える日々さえもあったのだ。

中華皇帝のハーレムが巨大化するたびに、後宮にある女性たちも増えていく。皇帝の自由気ままな生活とは対照的に、彼女たちの多くは、後宮に閉じこめられ、鬱々とした日を過ごさねばならなかったのだ。

中国大陸で後宮のあり方が大きく変わるのは、十七世紀、満洲に勃興した清帝国が中国大陸を制覇してのちだ。清を建国した満洲人は明の宮廷を半ば継承するが、満洲人たちの後宮に対する考え方は、漢族と違っていたようだ。彼らは、女性に対する憐愍をもち合わせていた。

満洲人の清朝では、後宮に定年制度を設けた。皇帝と床を共にしていない女性の場合、満二十二歳で定年となり、後宮から解放された。その後、彼女たちは結婚するのも自由となったのだ。

夫が死んで悪女に豹変した后の恐るべき所業とは

漢帝国はおよそ四百年にわたってつづいたが、その初期は不安定で、王朝はいつ消滅してもおかしくなかった。ひとつには、皇后を出した呂氏一族が王朝を乗っ取ろうとしていたからだ。

劉邦、つまり漢の高祖の后、呂后は一種の女傑に近く、劉邦の糟糠の妻ともいえた。彼女は劉邦とその一派が冴えない田舎者であった時代から、彼らと共にあった。劉邦の配下には、ならず者のような男たちも多く、彼女はそうした者たちに人気があったようだ。

ただ、劉邦が天下を取ると、呂后はおもしろくない時代を経験する。劉邦はハーレムで女道楽のし放題なのに、女のさかりを過ぎた呂后には性の愉しみもない。しかも、劉邦との子・盈は廃嫡の危機にもあった。劉邦の寵愛する戚夫人が、わが子の如意を太子とするよう迫っていたからだ。幸いに大臣たちが止めてくれたから、盈は廃太子を免れたが、呂后は鬱々悶々とし、不安に怯えてもいた。

劉邦が没すると、彼女の憤懣はどす黒い形で噴き出した。呂后の最初の切っ先は、劉邦が寵愛していた戚夫人に向かった。呂后は戚夫人の手足を切断させ、目を潰し、耳を潰し、さらに声を潰す薬を飲ませた。手足を失った盲目の戚夫人を便所に置き、「人豚」と呼ばせた。

これに衝撃を受けたのが、呂后の子・恵帝（盈）である。恵帝は現実から逃避しようと酒色に耽るようになり、即位後七年にして没した。

あとは、呂后の天下である。彼女は幼い皇帝を次つぎと擁立し、実質はみずからが権力を握った。呂氏一族を取り立て、そのいっぽう、劉邦の庶子たちを殺害していった。呂氏一族は漢帝国を乗っ取ったも同然であり、呂后がより長生きするなら、呂氏一族から皇帝が擁立されてもおかしくなかった。

ただ、呂后にも寿命があった。彼女が没すると、クーデターが発生、呂氏一族は誅殺されている。

呂后の物語は、中国では女性であっても、権力へ強い意志を見せることを示している。まわりの男たちに意気地がないなら、最高権力者にだってなろうとする。

呂后は、のちの武則天、清の西太后の登場を予告もしていた。けっして弱々しい存在ではなく、ときに戚夫人の体も心も破壊しようとするほどの残虐さ、強烈な復讐心さえも持っている。ときに男以上に一線を飛び越えさえもするのだ。

儒教の国教化で、なぜ「女性の地位が低下」したのか？

武帝の時代、漢帝国では儒教を国教化している。それは、男の所有物でしかなかった女性の地位をさらに低下させ、それが固定化される一因になった。

儒教の世界には平等はない。父と子、君主と家臣というように、かならず上下関係がある。その上下関係の序列は厳格化され、下の者が上の者に逆らうなどありえないこととされた。

男女間でも同様である。儒教に男女平等の発想があるはずもなく、女性を男の下に置いた。そこには、古代から中国にある陰陽思想の影響もある。儒教の国教化を推し進めた儒者・董仲舒は、「男子は卑しい身分でもみな陽であり、夫人は尊い身分でもみな陰である。一般的に陽は尊く、陰は卑しい」としている。董仲舒に言わせれば、女性はどんなに身分が高くとも、卑しい存在にすぎないのだ。

儒教では、「女三従」を説いている。『礼記』（儒教のもっとも基本的な経典である「経書」のひとつ）には、「婦人は人に従う者なり、幼くしては父兄に従い、嫁しては夫に従い、夫死すれば子に従う。夫は夫なり。夫は知を以て人を師いる者なり」とある。ここでは、女性が徹底的に卑下されている。

儒教に染まると、女性にしてからが女性蔑視論者のようになる。後漢の時代、班昭という才媛があった。彼女は『漢書』を著した班固の妹であり、学問もできたし、もちろん字も書けた。彼女は『女誡』を著し、ここで婦人の道を説いている。「夫

『女誡』を著した班昭

なる者は天である。天はもとより逃れることはできず、妻からすれば夫はもとより離れることができない。行いが神祇に違えば、天がそれを罰する。礼儀に過ちがあれば、夫がそれを責める」。

漢時代の儒教の確立、国教化は、女性を男の従属物、付属物のようにみなすものであった。男は何をしても許され、女性は理不尽な束縛を受けた。儒教を国教化させた武帝は、その典型でさえあった。

武帝は、女好きであり、女なしではいられなかった。そのくせ、彼は皇后が愉しむのを許さなかった。

武帝の后・陳皇后が、しだいに武帝の寵愛を失っていったときだ。陳皇后は寂しさをまぎらわすため、ある女性を後宮に入れて、自分の相手をさせた。女性に男の服を着させ、まるで夫婦のような暮らしを楽しんだのだ。

彼女は、男相手に不倫にはしったわけではなかった。みずからを慰めるため、女性相手に疑似夫婦を楽しんでいただけである。

だが、武帝がこれを知るや、皇后を許さなかった。皇后と共にあった女性を処刑し、陳皇后を廃している。中国では、儒教道徳のもと、こんな男の身勝手が長い歳月にわたって許されていたのだ。

敵国の王に嫁いだ美女は「悲劇のヒロイン」ではなかった?!

漢帝国は、東アジア最強の王朝のように語られがちだが、じっさいはそうでもない。モンゴル高原には匈奴（きょうど）の帝国があり、匈奴は概して漢帝国に対して軍事的に優勢であった。匈奴の侵攻の前に、漢はつねに苦戦を強（し）いられた。

匈奴の攻勢に対して、漢族の漢王朝は贈り物外交で切り抜けるしかなかった。漢は毎年、多額の物品を贈ることで匈奴をなだめた。その「贈り物」外交の究極が、「和蕃公主（わばんこうしゅ）」である。つまり、帝室につながる美女を、匈奴への「贈り物」にしたのだ。

すでに中国では、女性を「贈り物」とする外交を国内でくり広げてきた。この「セックス外交」を国内のみならず、国外にも展開するようになったのだ。

どこの国であれ、王たる者は美女を好む。匈奴とて、同じである。美女によって匈奴の単于（君主）の戦闘精神が和らぐなら、漢は安泰である。漢の男たちは、自分たちで愉しむはずの美女を差し出してまで、匈奴の機嫌を取るよりなかった。

和蕃公主でよく知られるのは、王昭君である。王昭君は、野蛮な匈奴に泣く泣く嫁がせられた悲劇のヒロインとして語られてきた。

王昭君は、漢の元帝の後宮にあった。匈奴への和蕃公主を選ぶにあたって、逸話がある。公主候補となった女性は似顔絵が描かれ、その似顔絵からひとりが選ばれた。多くの女性は賄賂を贈って、美しい似顔絵を描いてもらったが、王昭君はそうはしなかった。そのため、王昭君の似顔絵は不細工であった。

元帝は、野蛮な匈奴には不細工な王昭君で十分だろうと思い、彼女に決めたのだが、じっさいに彼女を見ると、その美しさに仰天した。王昭君は泣く泣く嫁ぎ、元帝はひどく後悔したといわれる。

けれども、現実は違ったようだ。王昭君はみずから積極的に志願し、匈奴の単于のもとに嫁いだのだ。

そこには、王昭君の女としての賭けがあっただろう。すでに述べたように、ハーレムのなかで皇帝に相手にされない女性には虚しい生活しか待っていない。さしたる愉しみもないまま、若さを浪費し、性の悦楽を知らないまま、朽ちていくしかない。ならば、匈奴の単于のもとで女を咲かせてみようとでも思ったのではないか。

たしかに、匈奴は漢族からは野蛮人扱いされている。けれども、野蛮人には漢族にない男としてのたくましさがあるかもしれない。そう思うなら、賭けてみる価値は十分にあるのだ。じっさい、王昭君は匈奴のもとで尊敬さえも受けていたというから、彼女の賭けは当たっていたといってもよかろう。

漢族の中国王朝は、漢帝国が滅びてのちも、和蕃公主を贈りつづけている。唐帝国の時代には、チベットの吐蕃に帝室につながる女性を贈り、ご機嫌をとっている。

后にまで成り上がった美女が、乱交に興じた理由とは

日本では無名に近いが、中国で楊貴妃と並ぶくらいの美女として挙がるのが、漢の時代に登場した趙飛燕である。飛燕は、卑賤の出身ながら、その美貌によって皇后にまで上り詰めた美女である。楊貴妃がぽっちゃり型の美女であるのに対して、飛燕はスレンダー型の美女であったとされる。

しかも、飛燕の場合、美人姉妹として有名でもあった。妹の趙合徳もまたグラマラスな美女であり、漢の宮廷は美人姉妹を中心に回っていたといっていい。

漢代随一の美女・趙飛燕

趙姉妹は、ともに淫蕩であったと伝えられる。その美貌、淫蕩に魅せられたのが、漢の成帝である。飛燕のセックスに絡め捕られてしまった成帝は、飛燕に言われるまま許皇后を廃し、飛燕を皇后にまでした。飛燕は妹の合徳を呼び寄せ、成帝は合徳との享楽にも夢中になる。

皇后にまで成りあがった飛燕は、皇后になって自制するわけではなかった。彼女はより淫乱となり、成帝以外に多くの男たちと性の享楽に耽った。成帝は、半ば黙認していたと伝えられる。

飛燕が多くの男たちと交わったのには、さまざまな理由がある。本来、彼女は奔放であり、いろいろな男の味を試したかった。いっぽう、虚弱なところのある成帝は、みずからのみでは飛燕を完全に満足させられない。そのため、飛燕の乱交を認めていたともいわれる。

ただ、それ以上に強い理由として挙がるのは、子ども欲しさである。趙姉妹は、いくたびも性交を重ねたにもかかわらず、最後まで子宝に恵まれることがなかった。

子どものできない不安が、彼女らをセックスにはしらせていたのだ。

中国では、すでに述べたように、女性は跡継ぎとなる男子を産んで、はじめて評価される。まして、趙飛燕は皇后である。皇后であるかぎり、成帝の子種を宿さねばならない。成帝の子が無理なら、ほかの男と交わってでも、子を産まねばならない。子さえ産めば、みずからは将来、皇帝の母として権力さえも握れるのだ。子ができるかできないかで、天国と地獄ほどの差もあるから、飛燕も合徳も男たちと交わらずにはいられなかったのだ。ここに、中国女性の悲劇がある。

結局のところ、趙姉妹に子ができないまま、成帝は没する。成帝が没したのは、趙姉妹に精気をすべて吸い取られたからだという説もある。じっさい、成帝の死没には不審な点があったようで、合徳が疑われ、彼女は自殺に追いこまれている。

いっぽう、飛燕のほうは、成帝の甥にあたる哀(あい)帝の擁立に寄与し、皇太后の座を得る。しかし、哀帝が早くに崩御(ほうぎょ)し、平(へい)帝が即位するとなった時代、王莽(おうもう)が強い発言力を得はじめる。

飛燕は王莽によって断罪され、皇太后を廃され、最後には自殺して果てている。王莽は、このあといったん漢王朝を滅ぼし、新(しん)を建国する人物だ。

漢の皇帝たちは、なぜ、そろって男色に熱を上げた？

漢の宮廷では、皇帝は女性たちと日々、性の悦楽に耽っていたが、相手は女性ばかりではなかった。多くの皇帝たちは、美少年も愛する男色家であった。

中国では、古代より男色があったと思われる。すでに述べたように、春秋時代に美少年が「贈り物」になっていたくらいだ。

中国には、日本と同じく、男色をタブーとする思想がなかった。ヨーロッパではキリスト教が男色を忌み嫌ったから、男色は罰せられてきたが、中国の儒教、道教などには性にかんする縛りがなかった。中世、日本の天皇や将軍、貴族、武家らが男色にはまったのと同じく、もっと早くから皇帝たちは男色の味をしめていた。

漢の皇帝たちで、最初に男色にはまったのは、劉邦、つまりは漢の高祖である。高祖を含めて、前漢には十三人の皇帝があった。そのうち十人が両刀遣いであった。なかでも有名なのは、哀帝の男色である。哀帝には董賢という同性愛の相手があり、ふたりはさながら夫婦のようであったという。

ある日、哀帝と董賢がいっしょになって昼寝していたとき、哀帝は用件があり、起き上がらねばならなくなった。けれども、自分の服の袖は董賢の体の下にある。哀帝は、よく眠っている董賢をわざわざ起こすのをためらい、愛する董賢が目を覚まさないよう、みずからの袖を鋏で断ち切ったという。この故事から、中国では男色を「断袖」とも呼ぶようになった。

あるいは、中国では男色は「後庭」とも呼ばれる。「後庭」とは、宮殿の奥につくられた庭園のことだが、肛門の暗喩でもあった。男色にはアナルセックスはつきものであるところから、男色を意味するようにもなったのだ。

清代に描かれた男色

哀帝の先代である成帝も、深く男色に溺れていた。成帝はすでに述べたように趙飛燕姉妹との性愛に耽溺した人物であるが、美少年好きでもある。成帝が深く愛したのは、張放である。成帝の寵愛があまりに深かったために、張放は皇后の姪と結婚し、帝室とつながりさえもつことができた。

ただ、張放は宮廷のなかであまりに目立ちすぎ、嫉妬を買いすぎた。成帝の母・王政君(おうせいくん)はふたりの仲を裂き、張放を追放してしまった。ふたりは泣く泣く別れ、別れたのちも手紙のやりとりを欠かさなかったという。

あるいは、文帝(ぶんてい)と鄧通(とうつう)の関係である。そこには、美少年による献身があった。文帝に腫(は)れ物ができ、その腫れ物から膿(うみ)が吹き出たときだ。鄧通は、文帝の腫れ物に口を当て、膿を吸い取ったという。こんな芸当は息子たちでもできない。文帝は鄧通の献身に感じ入り、さらに深く愛するようになったという。

皇帝の寵愛を受けた美少年たちは栄達もするが、その地位は、脆(もろ)い。同性愛相手の皇帝が没すれば、彼らは追放の憂(う)き目にも遭う。先の董賢の場合、哀帝の没後、処罰の対象となり、自殺に追いこまれている。文帝の愛人として知られた鄧通の場合、文帝の死後、すべての役職を解かれ、ついには餓死(がし)している。

漢帝国の時代、男色は皇帝や身分の高い貴族らの遊びであったが、時代が下がるにつれ、広い範囲で男色が広がっていく。魏(ぎ)や晋(しん)の時代、男色はますます流行するようになる。

道教から生まれた性典「房中術」の中身とは

漢帝国の時代、中国大陸で成立していくのは、道教である。儒教がしょせんは国家のものであったのに対して、道教は民衆に浸透していった。

その道教のなかから生まれたのが、性典「房中術」である。房中術は、セックスについて説いた性典だが、もともとは仙人になるための法である。

中国には古代から神仙思想があり、中国大陸の住人は仙人にあこがれた。仙人になれば、不老不死となり、さまざまな玄妙な力も得られる。秦の始皇帝も漢の武帝も、仙人にあこがれ、仙人になろうとしたくらいだ。始皇帝が徐福を東方へと派遣したのも、不老長寿の薬を得んがためだ。

仙人になるための道は、道教の説くところである。仙人になるには、いくつかの方法があり、これが中国文化の基盤にさえなっている。ひとつの方法「辟穀」とは、穀物食を絶つことだ。そこから、米や小麦以外の食材に注目がいき、いわゆる「中華料理」が形成されていく。

「服食」という方法もあり、これにもとづき、仙人になるための薬が求められた。

そこから生まれるのが、媚薬や漢方薬だ。また、「導引」という方法は、汚れた気を取り除き、体を鍛練する。ここから生まれたのが、「太極拳」や「気功」などだ。

「房中」もまた、そうした仙人になるための方法のひとつである。セックスを巧みにコントロールするなら、精力を充実させることができ、そこから仙人への道が拓かれるという考えがあったのだ。

中国において房中術は、当初、病気の治療法として受け入れられていたようで、男女がセックスをコントロールするなら、病気も治せる、という触れこみで広まっていった。ただ、房中術はそのうち、セックスで女性を虜にするテクニックとしても受け入れられるようになった。

房中術を会得するなら、すでに述べた夏姫や趙飛燕のような淫蕩な美女相手にも精力が尽きることなく、彼女らを虜にできるとも考えられたのだ。新の王莽や魏の曹操も、房中術に熱心だったといわれる。

なぜ、房中術では「射精は悪」とされた?

房中術の奥義といえば、「接して洩らさず」である。日本では江戸時代の儒者・

貝原益軒（かいばらえきけん）の『養生訓』にある言葉として知られるが、もとはといえば、中国の房中術における根幹思想である。

房中術は、二律背反（にりつはいはん）のような教えを説く。房中術はセックスを積極的に肯定し、セックスを数多くすることは、天の理（ことわり）にかなっているとしている。そして、セックスによって、女性から陰気を吸収し、男の陽気に補充するなら、神仙への道が拓かれるとしている。とくに女性がエクスタシーに達したときに出る愛液を吸収するなら、長寿になると説いている。

けれども、房中術では射精は「悪」なのだ。いくら気持ちいいからといって、射精したのでは、すべてが台無しになるという。

というのも、房中術では、男の精液をことのほか重視しているからだ。射精して、精液を体外に放出してしまうなら、男は生気（せいき）を失い、寿命さえも縮（ちぢ）む。だから、セックスの最中、射精したくなっても、我慢することがいかに大事かを強調している。射精しそうになったとき、我慢するなら、精液は脳に流れると説いてもいるのだ。

房中術では、女性が一回エクスタシーに達したとき、射精を我慢すれば、男の声が澄（す）むという。女性が七回も絶頂に達したのに、なお射精を我慢しつづけるなら、生涯病気にかからない。八度ならば寿命は長くなり、九度にもなると、ついには仙人になれるとしているのだ。

もちろん、射精をコントロールするのはなみ大抵のことではない。射精するから男も気持ちいいのであって、射精を我慢するのは容易ではない。そこで房中術は、射精をコントロールする方法までも教えている。たとえば、射精しそうになったら、陰嚢と肛門のあいだのツボを指で強く押さえる。あるいは深呼吸しながら、歯ぎしりする。そうすれば、セックスは長もちするというのだ。

長もちするセックスは男のあこがれでもあるが、女性にも悦ばれる。そこから、房中術は女性を悦楽に誘うテクニックとしても受け入れられ、広まったのだ。

道教系の秘密結社で行なわれた性的な秘儀とは

房中術を生み出したともいえる道教は、秘密結社をつくることでも知られる。後漢末期の一八四年に勃発した黄巾の乱は太平道という秘密結社が起こした。太平道と同じ時期に蜂起した秘密結社・五斗米道こそは、道教のひとつの源流ともされる。

その後、中国では道教の流れを汲む秘密結社がよく誕生するが、道教系の秘密結社では性的な秘儀があったとされる。

秘儀は瞑想の部屋で行なわれ、そこに身を浄めた一組の男女、教主、立会人らが加わる。男女は裸の姿で横たわり、教主の指導のまま、呪文を唱えながら、互いを愛撫する。秘儀では性交までは行なわないようだが、行なっているのは挿入をともなわない男女の性愛に近い。

この性的秘儀により、男女の生命力は増し、結社の結束力は高まるという。道教系の秘密結社は中国では庶民に人気があったが、案外、こうした男女の秘儀に惹かれてのことかもしれない。道教系結社に入るなら、女と縁の薄い男でも女体を愉しめるのだから。

古代から中国ではクンニリングスが好まれていた？

フェラチオ、クンニリングスといったオーラルセックスは、性的興奮を高めるためのひとつのテクニックだ。古代から世界各地にあったが、中国で好まれたと思われるのは、クンニリングスだ。

クンニリングスは、男が女性器に顔を埋め、女性に奉仕する性技だ。中国では、男は女性の上位にある。女性に奉仕するなんて、ありえない話にも思える。けれども、クンニリングスは、中国の房中術の思想にかなっているのだ。

すでに述べたように、房中術のもととなった道教思想から生まれているのが、媚薬や漢方薬である。女性の膣から湧き出てくる愛液もまた、房中術にあっては、一種の「性の妙薬」にもなる。

中国の馬王堆古墳から出土した古文書『養生の方』には、こうある。

「万物の要は陰陽の二気である。ゆえに陽である男は、陰気を摂取することがもっとも大事である。陰気を採るときは、五臓をからっぽにして吸い取る。陰気を飲めば、口の中に甘味が広がり、五臓が陰精を吸収し、肉体は健康に戻るが、一度に五回以上飲んではならない」

ここでいう「陰気」とは、まさに女性の愛液のことだろう。房中術の思想では、女性の愛液を飲むなら､男は強壮でいられる。女性の愛液は、もっとも得やすい「性の妙薬」であり、そう考えるなら、古代より中国の男たちはクンニリングスを好んだと思われるのだ。

いっぽう、フェラチオにかんしては、中国の男たちも好んだであろうが、彼らは自制しなければならなかった。性的に高まり、安易に女性の口内で発射してしまえば、精液の無駄づかいになるからだ。

中国でマスターベーションが忌まれるようになったワケ

マスターベーションは、たいていの男が愉しむ行為である。日本ではそのためのアダルトビデオが大変に発達しているし、かつてはマスターベーションを利用しながらの受験テクニックを説いたハウツー本まであった。

けれども、中国では「マスターベーションは、しないほうがよいもの」とされている。少なくとも、男のマスターベーションは大々的にするものではない。

というのも、先の房中術の奥義「接して洩らさず」の影響が大きいからだ。房中術の考え方では、射精はできるだけしないほうがいい。無駄に射精ばかりしていると、健康を損ない、長生きできない。

子づくりのための射精なら、それはしかたのない話だが、マスターベーションは、子づくりとは無縁である。マスターベーションは精液の無駄づかいでしかなく、できればしないほうがいいのだ。

もちろん、これはあくまで理論であって、現実には難しい。それでも、マスターベーションを忌む考えは、現代中国にも残っているようだ。

三 歴代王朝に巣食い、欲望にひたった宦官の闇

なぜ、中国では宦官制度が長くつづいたのか？

中国の性文化のひとつの特徴は、「宦官（かんがん）」の存在である。宦官とは、ペニスを切り取られた、つまり去勢（きょせい）された男たちである。中国大陸では、俗に「太監（たいかん）」とも呼ばれた。

宦官には、重要な用途があった。後宮（こうきゅう）で女性たちに仕え、働くという役割である。後宮には、皇帝以外の男が入ることは許されない。男たちが女性たちに仕えたとき、どうしても男女の関係になりやすいからだ。後宮は皇帝の血を残さなくてはならない場なのに、皇帝以外の男の血が入ってしまう可能性がある。そこから、後宮の運

営に宦官が必要になった。

後宮を江戸時代の大奥のように女性ばかりにするというのも、ひとつの解決策だろう。ただ、後宮内では力仕事をはじめとした、さまざまな仕事もある。後宮に男を入れたほうが便利だから、去勢された男、つまり宦官を入れるようになった。

宦官は、何も中国大陸特有のものではない。ユーラシア大陸の各地にあり、古代ギリシャや古代ローマにもあったし、フランスの宮廷にもあった。日本にこそ伝わらなかったが、朝鮮半島にも伝わっている。

ただ、世界各地の宦官がしだいに消滅していったなか、中国大陸では長く残った。古代から二十世紀初頭まで、中国大陸の王朝には宦官がありつづけたのだ。それも、中国の宦官は一大勢力となりやすく、ときには皇帝の懐に入りこみ、政治を壟断さえもした。中国は、宦官がもっとも栄えた国でもあったのだ。

中国に宦官が根を張ったのは、中国大陸に世襲された王朝が多く、巨大なハーレムがつねにあったからだろう。独裁者による長い世襲がある国や地域は、そう多くはない。

たとえば、古代ローマの場合だ。カエサルが登場するまで共和制であり、そもそもハーレムを形成する必要がなかった。帝政に移行してのち、皇帝たちはハーレムを形成することがあったようだが、そのハーレムは長つづきしなかった。世襲する皇帝があったいっぽう、皇帝を打ち倒して皇帝となる男たちが絶えなかったからだ。

皇帝の世襲が原則化するなら、ローマにも巨大なハーレムが誕生し、長く存続したかもしれない。けれども、帝政ローマにあっては、皇帝の地位を軍人同士がつねに争ったため、ハーレムが永続しにくい。ハーレムがなければ、宦官はそうは必要ない。

また、中世以降のヨーロッパと比較した場合、ヨーロッパの王家は中国の王家と異なる継承制度を有していた。ヨーロッパの王家が成立していく中世、王家は一夫一婦制を基本とし、彼らの子が王位継承権を有するようになる。

たしかに、ヨーロッパの王たちも多くの妾、愛人をつくったものの、その王家では妾、愛人の子に王位継承権は認めないのが通例となった。王位継承権を有するのは、正室とのあいだにできた子のみであり、こうなると、後宮を厳重に管理する必要はない。

こうした理由もあって、中国以外の地では宦官が消えていったが、中国では宦官の需要はつねにあった。中国では巨大なハーレムと宦官はセットとなって、残りつづけたのだ。

中国の宦官政策は、異民族絶滅も企図していた?!

宦官になるということは、セックスの快楽を捨てるということである。宦官になってしまえば、もう男としての悦(よろこ)びは得られない。

セックスできないということは、子ができないということだ。中国では、すでに述べたように、子孫を絶やすことは最大の不孝でもある。親から受け継いだ肉体を毀損(きそん)することも、これまた不孝である。宦官はその不孝の典型であり、誰しも宦官にはなりたくないのだが、にもかかわらず中国大陸には多数の宦官があった。

ひとつには、中国の歴代王朝が強制的に宦官をつくってきたからだ。古代以来、中国での宦官の供給源は、異民族か犯罪人であった。

異民族を宦官とするのは、中国大陸のみに限らない。世界各地であったようだが、中国大陸ではこれが大々的につづいた。

古代以来、中国の住人は周辺の異民族との戦いに勝利すると、異民族を奴隷化してきた。女奴隷として後宮に仕える者もあったし、男奴隷の場合は去勢され宦官とされた。殷(いん)の時代、チベット系の羌人(きょうじん)奴隷がしばしば宦官にされていたようだ。

漢帝国の時代、西域の楼蘭の王子でさえも、去勢の憂き目に遭っている。漢の武帝の時代、漢が楼蘭王国を服属させたときのことだ。楼蘭の王子は、人質として長安に送られた。武帝が楼蘭の王子をどう遇したかといえば、去勢して、宦官とすることだったのだ。

こののち、楼蘭の国王が死去したとき、楼蘭からは王子の返還の申し出があった。さすがに武帝も去勢した王子を返すわけにはいかず、これを断っている。

中国の皇帝には、一国の王子に対してであれ、異民族には憐愍の情はない。宦官として使おうというくらいにしか思っていないのだ。一国の王子でさえもこんな目に遭うのだから、異民族の戦争捕虜の多くは宦官にされてもおかしくない。

中国では、明帝国の時代になっても異民族の宦官化を進めている。永楽帝が雲南を攻めたさい、捕虜となったのが鄭和である。ムスリムであった鄭和も去勢され、永楽帝に仕えさせられる。彼は永楽帝の命令で大航海に出たことで知られる。

中国王朝が異民族を積極的に去勢し、宦官化するのを好んだのは、彼らの中華思想とも関連しよう。中華思想では、中華のみが正しく、周辺は蕃族である。蕃族は中華の民によって教化されるか、あるいは滅ばねばならない。そこから、中国王朝は異民族を征服したさいに、男たちを去勢した。

宦官は、男でもなければ女性でもない。社会的には侮蔑を受ける存在であり、中国王朝は異民族を宦官化することで、彼らを貶め、その気骨を砕こうとしたのである。

また、異民族を宦官化するなら、彼らは子孫をつくる能力を失いもしよう。異民族の宦官化を進めるなら、しだいに異民族そのものが消滅してしまう。中国王朝は、これを望んだ。

現在、中国では内蒙古（南モンゴル）、新疆（東トルキスタン）、チベットの自治区で住人を弾圧し、漢族化を進めている。

自治区の住人のうち、男は殺され、女性は漢族と結婚させられるか、不妊化させられもしている。これは、中国の宦官政策の延長であろう。本当は、ウイグル人やチベット人らを宦官にしたいところなのだろうが、現代にあっては、これができない。しかたなく、別の形での民族絶滅に動いているのだ。

どんな男たちが宦官に選ばれていた？

古代の中国にあって、宦官の最大の供給源となっていたのは異民族だが、異民族

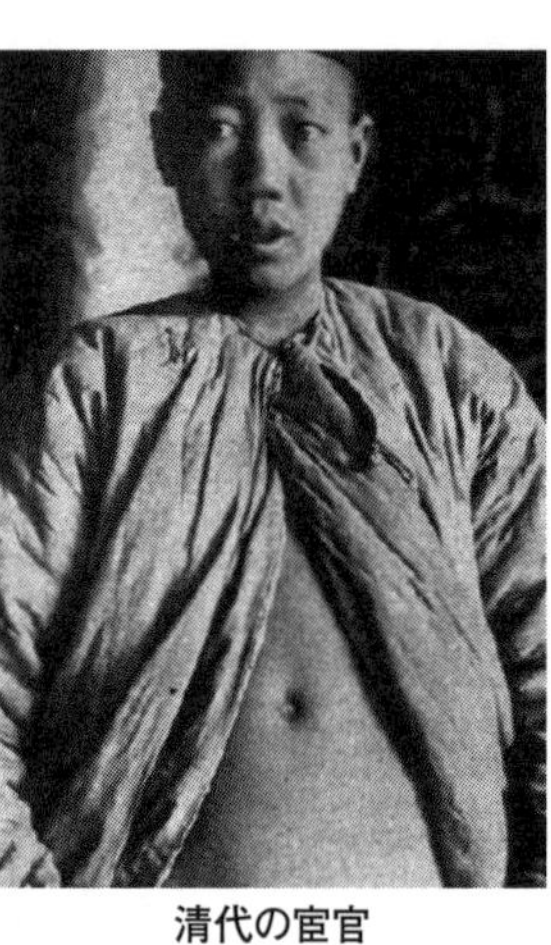
清代の宦官

を宦官にできる時代は限られる。

漢族の中国王朝が強大な時代は、異民族を攻め、宦官を大量に獲得もできたが、異民族の力が強まり、漢族に攻勢に出るなら、異民族の宦官化は不可能となる。そんな時代、宦官の供給源となったのは、まずは犯罪者たちだ。

中国では、犯罪者の去勢は「宮刑（きゅうけい）」とされた。宮刑は、死刑に次いで重い刑罰であった。

宮刑に処された男たちは宦官となって、宮中で使役（しえき）された。犯罪者を宮刑に処してしまうなら、犯罪者は子づくりができなくなる。宮刑には、社会から犯罪者の血を絶やすという意図もあったのだ。

また、能力のある者なら、死刑に処してしまうより、宦官として使役したほうがいいという考え方もある。『史記』の作者である司馬遷（しばせん）は、漢の武帝の逆鱗（げきりん）に触れ、宮刑に処された宦官として知られる。

ただ、中国王朝のハーレムが巨大化していくと、犯罪者を宮刑にしていくだけでは、宦官の数が足りない。そこで、皇帝たちは地方に強制的に宦官を献上するように命じてもいる。地方の官吏も皇帝の命令には逆らえず、強制的に男たちの男性器を切除せざるをえなかった。

宦官の供給源となったのは、福建、広東、広西など大陸の南部である。いまでこそ、このあたりは豊かであるが、かつては貧しかった。貧しい家庭はわが子を養いきれず、しかたなく役人に差し出すことがあった。宮中に宦官としてあるなら、食う分には困らないだろうという親心からでもあった。

また、このあたりは、唐帝国の時代あたりまで準植民地のようなところがあり、人身売買も行なわれていた。そんな風土事情もあったから、役人は宦官となる少年たちを集めやすかったのだ。

地方から宦官を供給していくとき、狙われたのは、見た目のよい、しかも利口な美少年たちであった。後宮の女性たち、さらに皇帝までが、宦官に容貌のよさを求めたからだ。

身近に仕える宦官が不細工だと、華やぎに欠ける。才気煥発の美少年を近くに侍らせたほうがずっと日々が楽しくなるという思いがあったのだ。

宦官になることを望む男たちが激増したわけとは

男性器を切除する宦官なんて、誰もなりたくなかったのでは、と思われがちだが、じつは志願して宦官になる男たちもあった。彼らは「自宮」と呼ばれた。

男たちがわざわざ自宮して宦官になろうとしたのは、ラクな暮らしを求めてのことだ。中国大陸の農民は政府に税を納めなければならないが、それだけではない。政府から賦役も課され、これが負担となる。しかも、凶作ともなれば、すぐに深刻な飢餓にもさらされる。こうしたなか、農民が生きていこうと思ったら、宦官になるのもひとつの選択であった。

宦官になれば、賦役によるきつい労働は避けられる。飢饉にあっても、宮中にあるなら、食べ物を融通してもらえるだろう。

しかも、皇帝の信任を得て栄達した宦官も少なくない。科挙（官吏登用のための資格試験）に合格した官僚でも手にできないほどの権力を得て、私財を蓄えることもできる。

科挙に合格するには、なみ大抵でない才能が必要だが、宦官になるには才能はさほど必要ない。男性器を切除される激痛に耐えられたなら、その先、いまよりもましな生活、さらには豪奢な生活が待っているかもしれない。そう考えた者らは、みずから志願して宦官になった。

ほかに、科挙に落第をつづけた者たちの選択にも、宦官があった。官僚になるのが無理だと断念したとき、宦官になって官僚以上の力を得ようと夢想するなら、リスクをとれたのだ。

あるいは、恨みを晴らすために宦官になる者もあった。清朝の「ラストエンペラー」宣統帝溥儀に仕えた宦官・孫耀庭の場合、父親と兄が地元のボスによって、無実の罪を着せられ投獄されてしまった。一家は貧しいままであり、彼は宦官になれば、復讐の機会が来るかもしれないと考え、自宮したという。

自宮者の第一号は、じつに古い。春秋時代の豎刁がそれであり、斉の国の桓公に仕えている。自宮者が増大するのは、十四世紀にはじまる明帝国の時代である。明の時代は、宦官が跋扈し、私財をなす宦官も多々あった。栄華を夢見る者は、自宮して宦官となったのだ。

自宮にかんしては、紀元前二世紀、漢帝国の景帝の時代にこれを禁じてきた。その後の歴代王朝の多くも禁じ、処罰してきたが、明の時代に処罰をやめてしまった。

以後、自宮者が続々と登場するようになる。

あまりの激増に、さすがの明も自宮者を死罪にするとしたが、それでも自宮者は後を絶たなかった。それほどに、宦官は一発逆転を夢見ることのできる存在でもあったのだ。

宦官になるための去勢手術は、つねに命がけだった！

ふつうの男を宦官とするための去勢は、死と隣り合わせであった。古代であるほど去勢法は原始的であり、去勢手術で命を落とす者も多かったと思われる。古代エジプトでは、去勢時の死亡率は六十パーセントにも達していたという。

もちろん、皇帝側も手術の犠牲者が多々出ることは織りこみ済みである。宦官のおもな供給源であった異民族の男など、いくら死んでもかまわないのだ。犯罪者とて同じである。

去勢のあり方も、かつてはさまざまだった。睾丸（こうがん）だけを切除するか、粉砕（ふんさい）するか。あるいは、陰茎（いんけい）だけを切除するかなどがあり、究極は陰茎と睾丸の完全切除となる。

自宮者に対する完全去勢手術の方法は、次のとおりだ。まずは、手術の当日までが念が入っている。手術に先立って、宦官志望者は「婚書」を書かされる。つまり、宮中に「嫁」として嫁いで、奉仕したいという意思を示す。

このあと、密室に閉じこもり、数日、節食する。前もって、大小便のほとんどを排泄しておくと、術後、大小便が出ない。感染症にかかって死ぬ確率を下げておくためだ。

手術当日、密室のなかで裸になり、目隠しされる。両手両足は、縛って固定される。いざ執刀の前に、執刀者である刀子匠からは念を押される。「みずからが望むんだな」「後悔しないのか」と尋ねられ、ここで「はい」と答えれば、ついに執刀だ。

執刀にあたっては、手術する部位を唐辛子入りの水で洗浄する。あるいは、麻酔性の油膏を塗っておく。ときには、強い酒を飲ませておくケースもある。

つづいて、陰茎と睾丸を糸で縛り、その糸を梁に備えつけられた滑車に通す。このあと、一気に陰茎と睾丸をまとめて切除する。切除したとたん、陰茎と睾丸は梁に向かって、釣り上がっていく。このとき、恐ろしいほどの激痛があり、たいていの男は昏倒してしまうという。

去勢が終わってのち、傷口を酒で洗浄する。技術がさらに向上すると、白臘の針を尿道に挿入して、冷水に浸した紙で傷口を塞いでおく。

手術後、三日間は飲まず食わずとなる。この三日が生死を分ける。このあと白臘の針を抜いたとき、尿がきちんと出れば、手術は成功となる。出なければ、やがて死を迎えることになる。傷口が約三か月余りで塞がると、宦官の務めが待っている。去勢してもらうには、カネもいる。銀六両を用立てる必要があり、貧乏人の場合、後払いでもよかった。死んでもかまわない者たちには、もっと手荒な手術が待っている。ならない。ただ、異民族、犯罪者に対しては、ここまでていねいにはならない。

あるいは、時代が下がると、幼少期に特殊な方法を用いて、去勢してしまうこともあった。わが子を宮中に入れたいと願う親は、子を専門の乳母に預ける。乳母は、幼児の睾丸を揉みつづけ、ついには破砕してしまう。これにより、幼児は男としての生殖能力を失い、去勢手術を受けずとも、宦官になれたのだ。

宦官が「第三の性」といわれる理由とは

宦官は、男でもなければ、女性でもない「第三の性」ともいわれる。というのも、去勢手術後、宦官の肉体には変化が生まれるからだ。去勢により男性器を失った男からは、男性ホルモンが分泌されなくなる。女性ホルモンの影響が強まり、肉体が女性化していくのだ。

まず去勢後、数か月で髭が抜けはじめる。少年期に去勢されたなら、髭が生えることがない。成人してのち去勢された者の場合、喉仏はしだいに小さくなり、声は細く、裏声ともなる。また臀部がふくらみ、肌が柔らかくなりもする。そのいっぽう、筋肉は落ちていき、女性に近い体つきになっていく。

さらに歩き方まで変わり、小股でちょこちょこ歩くようになる。中年にもなれば、かなりの肉がつき、老境で肉が落ちていくと、皺だらけにもなる。こうした体の変化についていけないとき、宦官は大きなストレスに悩むことにもなる。

また、去勢されたばかりの宦官はしばしば尿を洩らしていた。輪尿管をコントロールできないからで、少なからぬ宦官には尿臭が漂っていたともいう。お洩らしをするたびに、厳しい折檻も受け、しだいに排尿をコントロールできるようになる。

厄介なのは、去勢されながらも、宦官に性欲が残されていることだ。女性と交わりたい、女性を虜にしたいといった性的妄想は強く働きさえする。

けれとも、ペニスを失った宦官には、性交する術がない。ここが、宦官の「第三の性」たるところでもあろう。そのため、宦官は心理的に鬱屈し、ときに倒錯しやすくさえある。

また、宦官は去勢されたことで心理的な外傷を負ってもいて、これは生涯、癒やされることがないといわれる。とくに去勢時の痛みは、生涯忘れることができない。さらに、男でないことを自覚するほどに、他者の視線をことさらに意識し、バカにされていないかと妄想もする。

宦官にはこうした苦悩があり、自殺した者も少なくないが、宦官の自殺は厳しく禁じられていた。宦官が自殺したなら、その遺骸が荒野に投げ捨てられただけではない。累は親族にまで及び、彼らは辺境に送られ、奴隷の身となる。宮中から逃げ出そうとした宦官も、僻地へと送られている。

宦官に「ふたたびペニスが生えてくる」ことがあったって?!

ペニスを切断された宦官だが、ときにのちにペニスが生えてくることもあった。とくに八歳以前に去勢された男の場合、そうしたケースがあったという。人体には再生能力があり、去勢されたはずのペニスにも、その力が宿ることがあったのだ。

ペニスが再生するには、いくつかの条件があるようだ。もともとが頑健な体質であること、発育のさかんな時代に十分な栄養を得られることなどだ。

宦官のペニスの復活は、後宮にとっては由々しき事態であった。十七世紀に中国大陸を制圧した清帝国の場合、定期的に宦官の下半身を点検し、ペニスが生えはじめていないかをチェックしたという。清朝では、「三年に一度の小手術、五年に一度の大手術」が宦官に対して行なわれ、これで命を落とす宦官もあった。

また、宦官のなかには睾丸のみを切除し、陰茎を残す者もいた。この場合、陰茎はそこそこに使えたという。

宦官のなかには「ニセ宦官」もあった。賄賂などを使って、去勢したことにして、ハーレムに入りこむのだ。その典型が、秦の宮廷に入った嫪毐だ。すでに述べたように、嫪毐は始皇帝の母と情交し、始皇帝を悩ませている。

ペニスがなくても、宦官は愛欲にまみれていた

すでに述べたように、去勢されたはずの宦官にも性欲は残る。とくに性の快楽を知ってしまった男が宦官となれば、その性の記憶から、女性を貪りたい欲求に駆られつづける。

宮中には、多くの宮女や女官らがいる。彼女たちもまた、みずからの性欲をもて

余しているのだが、多くの宮女、女官らは男を知らないまま、朽ちていくしかない。そんな絶望的な境遇のなか、宦官は、よき性のパートナーになりえたのだ。

宦官と宮女、女官らの性行為は、口や手を使ったものだ。さらには、張型もよく使われた。宦官がエクスタシーを味わうことは無理だろうが、女性のほうは宦官のワザによって強いオーガズムも得られる。そのあられもない姿を見て、嬌声を聞けば、宦官は満足を得られたと思われる。

また、睾丸のみを切除した宦官の場合、ペニスはまだ機能していた。そうした宦官の場合、性欲もなおさかんで、じっさいの性行為に耽ることができたのだ。

後宮内部で、宦官と女官が事実上の「夫婦」になることはよくあった。あるいは、ひとりの女官だけではもの足りず、妾の女官を囲う宦官さえあった。さらには、宮中以外、市井の女性と通じたり、あるいは強姦する宦官もあったほどだ。

歴代皇帝たちも、宦官と女官らの「婚姻」にはあまり口出しできなかったようだ。宦官嫌いの明の創始者・洪武帝は、これを厳重に取り締まったが、ほかの皇帝はそこまでできなかった。

皇帝が権力維持に宦官を使わなければならないとき、宦官の性生活にまでは介入しにくい。さらに宦官が皇帝を操るようになれば、もう誰もその愛欲生活に歯止めをかけられないのだ。

美少年の宦官は、皇帝の慰みものにされていた！

宦官の性愛の相手は、女性のみではない。ふつうの男たちが同性愛にハマるように、宦官もまた同性愛にもはしった。

宦官の同性愛の相手には、皇帝もいた。宦官は、幼い皇帝の遊び相手でもある。皇帝が性に目覚めていく過程で、皇帝と宦官のあいだには性的関係が生まれやすかったのだ。

漢の武帝も同性愛に耽った。武帝は女好きであったが、それと同じくらいに美少年好きであり、とくに韓嫣を寵愛した。その韓嫣が武帝の母によって自殺に追いこまれてのち、武帝は李延年を愛するようになったのだ。

ただ、李延年は図に乗りすぎ、別の宦官との同性愛にもはしっていた。武帝はこれを許せず、李延年を誅殺している。

清朝最後の皇帝・溥儀もまた、少年時代に宦官との愛に目覚めている。少年・溥儀の同性愛の相手は、小王三児という美少年であり、自宮者であった。一説には、小王三児の手の奉仕によって、溥儀は初めて精液を外に放ったとされる。

溥儀は、ほかの宦官との同性愛にも耽っていたとされる。中国の歴代皇帝には、溥儀のように宦官相手に同性愛を愉しむ者が多々いたとしても不思議ではない。

宦官は「虐待される生き物」でしかなかった…

後述するように、宦官は歴代の中国王朝で強大な権力を握り、皇帝さえも操るようになる。だが、そうした宦官はピラミッドの上位にある者たちである。ピラミッドの下位にある多くの宦官には、「人権」などなかった。彼らは、虐待されて当然の「生き物」でしかなかったのだ。

多くの宦官の仕事といえば、宮廷内の建物や什器の管理、清掃などである。また、皇帝や皇后の食事、着替え、入浴の世話をするのも宦官の職務であり、大小便の世話までもさせられていた。宦官の世話を受ける皇帝や皇后らは、基本的に宦官をまともな人間と思っていない。地上でもっとも卑しい奴隷くらいに思っている。彼らは、気まぐれで宦官を虐待さえもした。

清朝最後の皇帝溥儀の少年時代、彼に英語を教えていたスコットランド人は、少年溥儀による宦官虐待を目撃している。それによれば、溥儀は宦官を四つんばいにさせ、馬の糞を食べるよう命じている。

また、溥儀は別の宦官に口を開けさせ、ここに放尿もしている。ほかに気まぐれで宦官を鞭で打ったり、冬に冷水を浴びせたり、サディズム的な行為に耽っている。溥儀は美少年の宦官と同性愛的な行為に溺れつつ、別の宦官を辱めて愉しんでいたのだ。

宮中では、厳しい刑罰も待っていた。宦官がささいなことであれ粗相をしようものなら、ズボンを剝ぎ取られ、その尻を板で叩かれる。青竹の先に手のひら大くらいの板を付けた責め具なのだが、これで徹底的に打ちのめされた。宦官を叩くのも宦官の仕事であり、もし手加減でもしようものなら、彼も同罪となる。

青竹や板には、濡らしたものと乾いたものの双方がある。濡らした板で叩くのは軽い罪のときだ。皮膚と肉を痛めつけるだけだから、絶命はしない。いっぽう、重い処罰の場合、乾いた板で叩く。この場合、骨にまで打撃がいき、死んでしまう宦官も多かった。刑を終えた宦官は、処罰を命じた皇帝や皇后に対して、「ご温情あるお教えをいただき感謝します」とひれ伏さねばならなかった。

宦官に対する最大の処罰は、「気斃」である。数枚の濡らした綿紙でその宦官の目、耳、鼻を塞ぎ、棒で殴り殺してしまうのだ。

宦官は、皇帝や皇后の前では、異様なくらいに媚びへつらうしかない。内心、どんな考えをもっていても、それは隠し通す。

皇帝や皇后に媚びへつらうことで、皇帝や皇后と密にもなるが、それは宦官集団の文化にもなる。上位にある宦官は、下位の宦官に対して媚びへつらいを要求した。媚びへつらって生きなければならないほどに、宦官の心理は屈折する。

清朝時代の十九世紀、イギリスから中国大陸へアヘンが密輸されるようになると、多くの宦官がアヘンを求めるようになった。アヘンを吸わずにはいられないくらい、宦官の精神は荒んでいたのだ。

また、宦官の老後は悲惨だったともいわれる。たしかに一部の宦官は蓄財をなし、老後に備えることができた。しかし、そうでない多くの宦官は働けなくなると、後宮から放り出された。あとは自活するしかない。

このとき、家族はさほどアテにならない。家族は家から宦官を出したことを恥じ、そう簡単には養ってくれない。家族の墓にも入れてもらえない。しかたなく、老いた宦官は寺社に身を寄せるしかなかった。

皇帝の「夜の営み」における宦官の役割とは

ハーレム内における宦官の最大の仕事は、皇帝の房事の世話と記録だろう。宦官は、皇帝のセックスのさなか、かならずそのすぐ近くにあった。皇帝と皇后が交わるなら、宦官は寝室の側にあり、年月日を正しく記録しておかねばならなかった。房事の記録を残すことで、やがて生まれてくるかもしれない子が、皇帝の子であることを立証できるからだ。

また、皇帝が皇后以外との房事を愉しむときにも、その世話をし、記録しなければならない。その夜、皇帝がどの女性をどう選ぶかにあたって、宦官は女性の名を記したカードを用意し、皇帝が夕食をとるとき、そのカードを銀の盆にのせて捧げる。皇帝は何十枚もあるカードのなかから一枚を選び、選んだカードを裏返しにしておく。

宦官は、皇帝に指名された女性にその旨を伝えると、彼女の入浴、化粧の世話をする。準備万端整ったら、指名の女性を全裸にして、羽毛のガウンに包みこみ、皇帝の寝室まで届けた。全裸にするのは、指名された女性に武器をもたせないためだといわれる。

後宮に入る女性を選ぶのも、宦官の仕事である。まずは、中国大陸の各地から美少女たちを集める。年齢は十三歳から十六歳までで、およそ数千人が集まっていたという。

集まった美女を審査するにあたって、最初にチェックするのは、病気の有無や背丈などだ。ここで多くが落とされ、二千から三千人が残る。宦官は残った女性たちの発育具合から声、頭髪の美しさなどをこまごまとチェックし、最後に全裸にする。宦官は女性たちの肌にさわり、乳房を揉み、女性器までも見る。こうして百人程度の美女を選抜し、後宮に入れる。彼女らを教育するのも、宦官の仕事である。

宦官は、皇帝の秘密中の秘密である房事を知悉する存在である。おかげで、皇帝と宦官には密なる関係が生まれやすくなり、皇帝の信任を得た宦官は政治にも口出しをはじめていくのだ。

また、宮中にある女性たちも、宦官に媚びざるをえなくもある。皇帝の寵愛を得たかったら、たびたび皇帝と床を共にし、床で皇帝を魅了するしかない。まずは床を共にすることが重要であり、そのために宦官の助力も必要だったからだ。

宦官は、皇帝に対して、後宮の女性たちの美しさや体調を説明する。このとき、皇帝の興味が、ある特定の女性に向くように巧みに誘導してくれることを願ってのことだ。こうして宦官と寵姫が結びつくなら、これまた宦官の力になるのだ。

野心をむき出しにして中国史を動かした宦官たち

世界各地にあった宦官は、たいてい歴史のなかに埋もれてしまっている。けれども、中国大陸にあった宦官は、違う。彼らは、中国史を動かしつづけてきた。

そのはじまりは、春秋時代、斉の桓公に取り入った宦官・豎刁であろう。斉の桓公は、才人・管仲を起用し、管仲の力量によって斉は大国となる。その管仲は臨終にあたって、斉の桓公に豎刁を追放するよう諫言している。

豎刁は、すでに述べたように自宮宦官の嚆矢ともいわれる。管仲にいわせれば、己の体を傷つけてまで宦官になった人物が、主君に忠節をまっとうするわけがなかったのだ。

管仲の諫言を聞いた桓公は豎刁を退けるが、管仲が没すると、またも側に置く。豎刁は料理人の易牙と結託した。易牙は桓公を悦ばせるため、自分の娘の肉を捧げたような人物だ。彼らは桓公の決めていた後継者を廃し、新たな太子を擁立した。

そこから斉の政治的混乱がはじまり、桓公が没しても、なおつづいた。桓公の遺骸は二か月以上も放置されたままだったから、その遺骸からウジが湧いた。斉は大国の座から転落していくことになった。

始皇帝の秦帝国を滅ぼしたのは、宦官・趙高である。始皇帝が没したとき、趙高はそのすぐ側にあった。そこから、彼は野心をむき出しにする。

もともと始皇帝の後継者は、扶蘇と定められていた。扶蘇は賢い人物であったとされる。その扶蘇が匈奴相手の遠征にあったなか、始皇帝が没すると、趙高は始皇帝の遺言を改竄し、扶蘇に死を強要した。扶蘇は命じられるがまま、自殺している。趙高は新たな皇帝に暗愚な胡亥を擁立、胡亥を殺めたのちに、今度は子嬰を皇帝に仕立てる。さらには、有力な大臣・李斯も処刑にした。

こうして趙高は秦の宮廷を乗っ取ったも同然となるが、趙高のもたらした政治的混乱は、国内に反乱を続発させた。反乱軍が都に迫るなか、趙高は子嬰によって殺されている。趙高によって弱体化してしまった秦も、まもなく滅んでいる。

秦帝国の後継となった漢帝国もまた、宦官によって亡国の道を歩みはじめている。とくに後漢時代に、宦官集団は大きな権力を握るようになった。

後漢で宦官が台頭したのには、ワケがあった。後漢の皇帝たちがまず苦しんだのは、外戚（皇后の身内）による専横であった。後漢では当初、外戚政治を禁じてきた。第二代皇帝・明帝の皇后・馬后はこれを守り、明帝が没して、章帝が即位したのちも、馬一族には何もさせなかった。けれども、第四代皇帝である和帝以来、幼少の皇帝即位がつづいた。皇帝が幼少のとき、皇帝に代わって権力を握りはじめたのは、馬一族である。馬后のような皇后は、そうはいなかったのだ。

ただ、皇帝も成人に達するほどになると、みずからが外戚の傀儡であることに我慢がならなくなる。成年皇帝は外戚から自由となり、みずからのものであるはずの皇帝権力を取り戻したかった。このとき力になってくれたのが、宦官である。

宦官は、幼い皇帝の遊び友だちであり、同性愛の相手となることもあった。宦官は、孤立した皇帝が相談できる数少ない相手であった。和帝は宦官と深夜に相談して、ついに外戚の排除に成功する。こののち、漢帝国では、宦官と外戚の対立が激化する。皇帝が外戚から自由になりたいと志向するほどにだ。外戚を打ち破るため、皇帝と宦官はよく密着し、宦官たちは権力の味を覚えていった。

宦官はみずからの権力基盤を確立させるため、ライバルとなる集団を排除もしていく。二世紀後半、宦官は「党錮の禁」といわれる弾圧を官僚や学者に対して行なっている。結局のところ、後漢にあって宦官は政治的混乱を招き、黄巾の乱を誘発する。黄巾の乱以降、後漢は衰微し、亡国の道をたどっていく。

後漢の宦官を全滅に追いこんだのは、袁紹である。袁紹は、三国志の世界では一時は天下を狙うほどの力を有しながらも、曹操と争い、敗れた男として知られる。その袁紹は、曹操に敗れる前、洛陽に軍を進め、宦官を皆殺しにしている。袁紹にすれば、君側の奸の大掃除といったところだろう。

なぜ、宦官は明代に巨大権力を手中にできたのか?

宦官はいつの時代にあっても、宮廷の権力者の座を狙っていた。その宦官がもっとも権力をふるったのは、十四世紀にはじまる明帝国の時代だ。

じつのところ、明の創始者・洪武帝は宦官を嫌っていた。漢帝国や唐帝国の時代の宦官による害悪を学んでいたから、洪武帝は宦官を抑制しなければならないとし、明の初期には宦官は百人程度であった。内廷には、「内監(宦官)は政治に関与することを得ず。違えば斬る」という鉄製の立て札を置いていた。

洪武帝は、圧倒的な独裁者である。彼の力によって、明帝国では宦官は抑えこまれるはずであったが、第三代皇帝・永楽帝の時代に一転する。永楽帝が、宦官に頼りはじめたからだ。

洪武帝の子である永楽帝（燕王）は、帝位簒奪者である。甥に当たる第二代皇帝・建文帝が首都・南京で即位すると、北京にあった燕王は皇帝の座を狙い、建文帝とのあいだで戦争をはじめた。靖難の役といわれる戦いを制したのは燕王であり、彼が永楽帝として即位する。

永楽帝の勝因はといえば、ひとつには宦官が味方してくれたことにあった。首都・南京にあった宦官たちが、建文帝の内情を逐一、永楽帝側に報告していたのだ。建文帝の手の内をつねに知りえたことで、反逆者にもかかわらず優位に戦えたのだ。

宦官が建文帝を裏切るような行為に出たのは、建文帝が父・洪武帝の訓戒を守って宦官を冷遇してきたからだ。南京の宦官は、建文帝に忠節を尽くす気が失せ、反逆者である永楽帝に賭けていたのだ。

こののち、宦官の思惑どおりになる。永楽帝は、宦官たちをあてにしはじめたのだ。というのも、永楽帝が儒者である官僚たちを信じきれなかったからだ。永楽帝は帝位簒奪者であり、儒教の論理からすれば、断罪されるべき存在である。永楽帝は、儒者である官僚たちから白い目で見られているような猜疑に陥り、彼らを使いこなせなかった。代わって、宦官を頼ったのだ。

官僚不信、人間不信にも陥っていた永楽帝は、皇帝直属の政治警察「東廠（とうしょう）」を設置する。東廠の長官に任じられたのは、宦官である。東廠は皇帝直属の憲兵隊組織「錦衣衛（きんいえい）」とも結びついた。以来、宦官は官僚や住人らを監視し、情報を握ることによって、最大の政治勢力にもなる。明の時代の末期には、宦官は七万から八万人あったともいわれる。

明の時代には、十五世紀、王振（おうしん）という宦官があった。王振は、英宗（えいそう）正統帝の少年時代の教育係であり、英宗正統帝は皇帝となってのちも王振を「師父」と仰（あお）いだ。

その王振の勧めによって、正統帝はモンゴル高原にあったオイラトとの戦いを決意する。正統帝はみずから軍を率（ひき）いて北上したが、土木堡（どぼくほう）の戦いで、エセン＝ハン率いるオイラトの軍に大敗を喫する。正統帝は捕虜となり、王振は戦死している。

明の時代の宦官でもっとも有名なのは、十六世紀の魏忠賢（ぎちゅうけん）だろう。彼はもともと無頼（ぶらい）の者であり、博打（ばくち）に負けたすえに自宮して宦官になったから、宦官を栄達のステップくらいにしか考えていない。

魏忠賢は、天啓（てんけい）帝の時代に権力を掌握していく。当時、明の内部では東林（とうりん）党と非東林派の政治的対立があった。魏忠賢はその対立を利用し、非東林派に与（くみ）し、東林党の重要人物を弾圧、多くを獄死に追いこんだ。

天啓帝は、ひとりコツコツと細工仕事に励むばかりで、政治にかんしては、魏忠賢任せである。それをいいことに、魏忠賢は東廠を使って、監視社会をつくりあげてもいた。

そのため、多くの住人は魏忠賢を恐れ、おべっかを使った。住人のなかには、魏忠賢に対して「九千歳」と叫ぶ者もいた。東アジアで「万歳」の対象は、唯一、中華皇帝のみである。歴代朝鮮王は「千歳」としか叫んでもらえない。魏忠賢は、皇帝に比肩するような名誉を得ようとしていたのだ。

ただ、天啓帝が没し、新たに崇禎帝が即位すると、魏忠賢の時代も終わる。彼は配流先で自殺して果てる。崇禎帝は、魏忠賢時代に歪んでしまった王朝を立て直そうとしたものの、すでに魏忠賢による粛清のために、人材が払底してもいた。そのため改革は進捗せず、明の最後の皇帝となり、最後は自殺に追いこまれている。

宦官の栄光時代は、どのように終わりを告げた？

宦官が権力に密接となったのは、ひとつには皇帝側の事情があった。皇帝はともすると孤立しがちであり、孤立した皇帝が権力を掌握するには宦官の助力が必要だったことも事実だ。

いっぽう、宦官側も権力を欲していた。宦官は男としての愉悦を失っている。その喪失感に苛まれ、喪失感を埋め合わせたい。そのため、宦官は富貴や栄誉をめざし、富貴や栄誉を得るためにも、皇帝という権力に近づいた。

権力を握るなら、意趣返しもできる。宦官は、ふつうの住人からは好奇の目で見られてきたし、儒者からは軽蔑もされてきた。そこに宦官の被害妄想がふくらむと、社会に意趣返しのひとつもしたくなる。権力を握り、官僚や一般住人の生殺与奪までも自由にできるなら、復讐の喜悦に浸れるのだ。

ただ、宦官の栄光の時代は明帝国の時代に終わる。満洲から中国大陸にやって来た清帝国の皇帝たちが、宦官をさほど好まなかったからだ。

清の皇帝たちは、明の宦官制度を継承している。ただし、宦官をハーレム維持の必要悪として認めても、それ以上には評価しなかった。とくに清の全盛期を築いた第四代・康熙帝や第五代・雍正帝は、宦官に冷たかった。康熙帝の時代、宦官は四百から五百人に抑えこまれている。派手好みの第六代・乾隆帝の時代でさえ、三千人程度にとどまっていて、八万人ともいわれた明の時代とは大きく異なる。

その清朝でも、皇帝や皇后たちが中国大陸に土着化していくと、宦官文化に染まるようになる。清でもっとも宦官と密接だったのは、十九世紀後半に登場した西太后だろう。その西太后が没してのち、清帝国は消滅し、中華民国が誕生する。中国が近代化を歩もうとする時代になって、ようやく中国でも宦官廃止論が高まる。皇帝のいない時代がはじまると、中国でも宦官は消滅していったのだ。

ただ、宦官のすべてが権力欲に取りつかれた佞臣というわけでもない。多くの宦官は日々怯えながら生きてきたし、一大事業をなした宦官もあった。

漢の時代、『史記』を著した司馬遷は、その典型だろう。司馬遷には自殺願望すらあったというが、中国最初の史書『史記』を完成させるという目的のために生きつづけた。また、紙の発明者である蔡倫も宦官であった。

明の時代、南海への大航海を成功させた鄭和もまた、宦官であった。彼は雲南生まれのイスラム教徒であったが、洪武帝の雲南出兵のさい、明の捕虜となり、去勢されている。その後、永楽帝に見出され、大航海に出ている。

栄達するほどにペニスの復活を願った宦官の闇

宦官が宮廷で栄達するほどに願うのは、ペニスの復活である。多くの富を手に入れ、大きな権力も手にし、女官と夫婦の関係になるなら、宦官として大成功である。宦官はみずからが望むすべてを手に入れたかのようにも見えるが、栄達するほどに宦官は根本的な欠落を意識するようにもなる。自分にペニスがないことだ。

こうして、栄達した宦官ほどペニスの復活を願うようになる。そこから先、ペニスの再生を願う宦官の行動は、グロテスクである。

宦官たちが求めたのは、動物の生殖器である。雄牛(おうし)やロバのペニス、睾丸、あるいは膣(ちつ)、羊の卵巣などを好んで食べるようになった。虎の睾丸も、人気があった。

漢方薬にはしる宦官もあった。「金丹(きんたん)」と呼ばれる漢方薬を飲むなら、性器が再生するとも信じられていたのだ。こうした漢方薬は、たいてい動物の性器を煎(せん)じたようなものだ。じっさい、幼くして宦官になった者のなかには、こうした漢方薬を服用したおかげか、ペニスが生えてくることもあったという。

このあたりまではまだ笑える話だが、宦官には、食人にはしる者も出てきた。それも、童子の脳漿(のうしょう)を食べるようになったのだ。

もともと中国大陸には、食人の伝統があったとされる。さらに、中国には食によって体のバランスを調節する思想がある。そこから、童子の脳漿を体内に入れるなら、ペニスが復活すると考えたのだ。

宦官が死後、切り取られたペニスと合体した理由

宦官は、死ねば、ふたたびペニスと合体できた。自宮者のみに限るが、切り取られたペニスは保存されており、このペニスを宦官の死後、遺骸に縫合するのだ。

宦官の切り取られたペニスは、「宝貝」といわれる。宝貝に防腐処理を施して木箱に納め、これを梁にかけておく。あるいは、家祠に送って保存した。また、去勢手術をした刀子匠が保存しておくこともあった。蓄財した宦官が、のちに刀子匠から買い戻すこともあった。清末、買い戻し料金は、銀五十両であったという。

宦官が死後にペニスと合体しようとしたのは、中国の伝統思想の影響からだ。ペニスのないまま、あの世へ行くなら、祖先に合わせる顔がない。しかも、閻魔大王は肉体が完全でない者を嫌い、来世を騾馬にしてしまうという。これを恐れた宦官は、死後、ペニスをくっつけるために保存したのである。

ただ、そのペニスがなにかの加減で消失してしまうこともあれば、長年の保存に耐えきれないこともある。そんな場合、宦官は刀子匠から他人のペニスを買いつけた。あるいは、陶器か磁器でつくったペニスで代用していた。

四 皇帝たちの荒淫が帝国を迷走させた

中世まで、皇后の不倫・男漁りはありふれたものだった

中国大陸では、三世紀に後漢が滅んでのち、魏、晋とつづくが、いずれも短命な政権であった。四世紀になると、晋がいったんは南匈奴に滅ぼされ、以後、中国大陸は分裂状態となる。華北では異民族による興亡劇が展開され、これを避けた漢族の王朝が華南に生まれた。つまり、中国大陸は北朝と南朝に割れていた。

そうした分裂と混沌の時代にあっても、中国大陸の住人の性愛は変わるところがない。むしろ、奔放にさえなっていた。それも、女性たちが奔放であった。

たとえば、南朝の宋にあった山陰公主（劉楚玉）である。彼女は孝武帝の娘であり、

すでに嫁いでもいたが、あるとき、兄（廃帝となった劉子業）に訴えた。宮中には千人を超える美女があるというのに、自分には夫ひとりであり、それは不公平ではないかというのだ。

兄はこれを聞き入れ、三十人の美男子を与えている。山陰公主が彼らと性を愉しんだのはいうまでもない。そればかりか、兄の部下にも興味をもち、兄からもらい受けている。彼女は放縦な性欲をむき出しにし、兄もこれを認めていたのだ。

このあたりは、北朝でも変わりがない。混乱をつづけていた華北をまとめあげたのは、モンゴル系の鮮卑族による北魏である。北魏の宣武帝の側室である胡后もまた、奔放であった。胡后は、しばしば皇帝以外の男たちと性愛を愉しんでいた。皇帝の死後、さらにタガが外れ、美少年を好んだ。

北斉の武成帝の皇后であった胡皇后も、皇帝だけで満足してはいなかった。武成帝が没してのち、皇太后となると、沙門（僧侶）の曇献と男女の仲になっている。

男漁りに励んだ山陰公主

この密通は発覚し、曇献は処刑されたものの、彼女は幽閉にとどまった。北斉が滅びてのち、彼女の性欲を止める者はなく、さまざまな男たちと交(まじ)わったという。

このように、中国の南北朝時代、女性たちは奔放であった。皇帝をはじめ男たちも、彼女たちの放縦をそう咎(とが)め立てはしなかった。

南北朝時代、性が開放的であったのは、ひとつに儒教の影響力が弱まっていたからだろう。すでに述べたように、儒教は性交そのものは否定しない。繁殖のために積極的に認めてさえいるが、女性の不倫となると別であった。妻は夫に従わねばならない儒教論理では、女性の放縦は許されなかった。その儒教の影響が弱まり、道(どう)教や仏教の影響が強まっていたのだ。

インドから伝来した仏教では、僧侶に対しては禁欲を説くが、一般人には何も規制がない。道教の場合、性と密着していたから、女性の奔放も許されたのだ。

国王以上に性の悦楽に浸っていた貴族や士大夫たち

魏・晋・南北朝の時代、ハーレムを有していたのは、皇帝のみではなかった。貴族や士大夫(したいふ)（官僚・地主・文人の三者を兼(か)ね備えた者）らも独自にハーレムを有して

主人の前で踊りを見せる家妓

いた。

貴族や士大夫らが抱える女性たちは、「家妓」といわれる。家妓の地位は低かった。家妓には正式の身分はなく、奴隷に近い。

彼女らはたんに性の相手をするだけでなく、物品のような扱いも受けてきた。冬になると、家の主人は家妓の肉体に触(さわ)り、手を温めた。彼女らは「肉暖炉」と呼ばれた。あるいは、主人は食事中、テーブルを使わず、家妓たちに皿をもたせたまま立たせた。彼女らは「肉台盤」と呼ばれた。

家妓は、売買の対象でもあった。主人は家妓を売ったり、馬と交換もした。あるいは、他人にプレゼントすることもあった。それでいて、一部の家妓は歌舞や音曲にも通じていた。芸事で主人を悦(よろこ)ばせるのも仕事であった。

家妓は、すでに漢帝国の時代からあったが、魏・晋・南北朝の時代になると、多くの家妓を有する貴族や士大夫の数はさらに増える。西晋時代の成り上がりの富豪・石崇(せきすう)は、およそ千人の家妓を有していたという。ここまでいくと、そのへんの国王なみ、いやそれ以上ともいえる。

貴族や士大夫たちが王侯なみに家妓を抱えることができたのは、魏・晋・南北朝の時代、皇帝たちの力が弱まったいっぽう、貴族や士大夫の力が増していたからでもある。彼らは皇帝のようなハーレムをつくろうとし、宦官(かんがん)までも有していたのだ。貴族や士大夫たちのハーレムは、南北朝以降、隋(ずい)や唐(とう)の時代もつづいている。

横恋慕(よこれんぼ)した女性を手に入れるために父を殺した煬帝

六世紀末、長く南北に分裂していた中国を統一したのは隋帝国である。隋は第二代皇帝・煬(よう)帝の時代に全盛期を迎える。

煬帝は派手好き、建築好きだった。華北の黄河(こうが)と華南の長江(ちょうこう)を運河で結び、中国大陸の文物をすべて都の長安に集めた。もちろん、美女たちも全土から集めていた。煬帝が好んだのは、舟遊びである。彼は「龍舟」という豪華な舟を建造させ、この舟で全土を巡幸した。龍舟の全長は六百メートル、幅は十四メートルもあったというから、もし本当だったとすれば、戦艦「大和」よりも長大である。龍舟の内部には、百六十もの部屋があったという。

龍舟は、もうひとつの後宮であった。それも、移動後宮であり、皇后や多くの愛妾、宦官らもここにあった。

煬帝は豪奢を好み、性的にも派手であったようだが、じつはひとりの女性を思い詰めるタイプでもあったようだ。そこから、彼には後ろ暗い噂が生まれもしている。

伝承では、煬帝は父・文帝の愛妾である宣華妃（陳夫人）に横恋慕していた。彼女は南朝陳の最後の皇帝・宣帝の娘であり、皇后を失っていた文帝は彼女を愛していた。そして、子の煬帝も、彼女の魅力にはまってしまっていた。

煬帝は我慢できず、彼女を手籠めにしようと襲ったところ、彼女は文帝の寝室にまで逃げた。事が父・文帝にバレるなら、煬帝は文帝によって誅殺されよう。それを恐れた煬帝は父を暗殺し、帝位を得たという。

この話が本当かどうかははっきりしないが、煬帝が宣華妃に先立たれたとき、ずいぶんと落ちこんだという。これを慰めたのが、蕭皇后である。彼女は、中国全土から美女を集めてくればいいのではないかと勧めもした。

煬帝もこれをよいアイデアと受けとめ、中国全土から美女を集める。これが中国最初の美人コンテストだったともいわれるが、煬帝を夢中にさせるほどの美女はいなかった。おそらく、煬帝は亡き宣華妃が忘れられず、つい比較していたのだろう。煬帝はたんなる派手好きではなく、ひとりの女性に思い悩むところがあったようだ。

ただ、煬帝は運河の建築や戦争にカネを使いすぎた。女性のためにも、カネを浪費しすぎた。煬帝の時代、国庫は傾いたし、煬帝は隙だらけであった。

そこに反乱が起きると、煬帝を取り巻く情勢は一気に悪化。煬帝は自殺し、隋に代わって唐帝国の時代となる。

煬帝は、後世で悪しざまに言われる皇帝のひとりである。「煬帝」の「煬」とは、好色な無礼者という意味なのだ。

なぜ、唐帝国の時代は性に寛容だったのか?

唐帝国の時代、人気を誇ったのは市妓たちである。市妓とは一般の娼婦である。

彼女たちは街にあり、男たちに性を売った。唐の時代、住人たちには貧富の差がはっきりとあった。貧しい家に生まれた女性が手っとりばやく稼ぐには、市妓となるのもひとつの選択であったのだ。都市には、女性に飢えた男たちも多かったから、彼女たちは人気があった。

　唐時代の市妓のあり方は、日本の江戸時代の吉原（よしわら）をどこか思わせる。彼女たちは、街の妓院（ぎいん）にあり、ここに男たちが通っていた。さらに妓院を出て、出張サービスを行なうこともあったから、この点では吉原よりも融通（ゆうずう）が利き、自由度も高い。

　とりわけ高名な妓院街といえば、都である長安にあった平康坊だ。平康坊は、長安城内の北東に位置し、東西千メートル、南北五百メートルに及ぶ、長安一の繁華街だ。ここにおよそ百軒もの妓院があり、一軒の妓院にはだいたい十人程度の妓女があり、遣り手婆（やりてばば）もあった。なかには、名妓をそろえた家もあり、裕福な男たちが通いつめていた。

　長安の平康坊の栄えは、唐帝国の繁栄の象徴でもあろう。唐帝国の時代、経済は伸び、物流が発達、しかも他国から多くの商人たちがやって来ていた。もともと、唐の帝室である李（り）氏は、モンゴルの鮮卑（せんぴ）系の血が強いとされ、中華意識や漢族優先意識がさほどない。ゆえに唐帝国は国際化し、性にかんしてもおおらかだった。

性サービスだけでなく、芸でも男を魅了した市妓たち

唐帝国の時代、市妓に人気があったのは、彼女らの容色がすぐれ、性サービスに巧みであったからだけではない。彼女たちのなかに、歌舞や音曲に秀でた者が少なくなかったからだ。

中国大陸では、古代から妓女たちに歌舞音曲を求めることがあった。すでに述べたように、魏・晋・南北朝の時代、貴族や士大夫たちは家妓たちにすぐれた歌舞音曲の芸を求めていた。隋から唐にかけての時代、これがさらに高じたのである。

歌舞音曲にすぐれた妓女たちは、一流の芸術家ともいえた。彼女らは歌舞伎とも呼ばれ、芸術家としての訓練を受けていた。隋の煬帝も歌舞伎育成のために熱を入れ、教坊楽舞制度を設けていた。唐の玄宗皇帝もまた音楽家の養成所をつくり、ここに才能ある妓女たちを集めた。その養成所が梨畑にあったところから、歌舞伎俳優の世界を意味する「梨園」の名が生まれている。

玄宗皇帝の酒宴に呼ばれた歌舞伎は、その歌声で玄宗を魅了しただけではない。その場にあった多くの酔っぱらいたちを、沈黙させてしまうほどの力量があった。

文才に長けた妓女もあった。詩にすぐれた妓女は、風雅な士大夫たちと交際し、人気を得ていた。

また、長安には官妓たちもあった。彼女たちもまた歌舞音曲にすぐれ、朝廷の官僚たちの宴席にあった。ときには後宮に呼ばれ、皇帝たちの前で一芸を披露もした。

江戸時代、日本の吉原では太夫クラスにでもなれば、立派な教養を有していたといわれる。ただ、時代が下がるにつれて、吉原の遊女たちには教養は求められなくなった。遊女に教養を求めたのは、高級武士たちであった。彼らの懐具合がさみしくなると、代わって吉原の常連となったのは富裕な町人らである。町人らは、教養ある話を面倒くさがる。それよりも、ドンチャン騒ぎをして羽目を外したい。

いっぽう、中国大陸にあって、官僚となる士大夫たちはつねに豊かであった。彼らは妓女たちに教養を求め、芸を求めていた。このあたりが、日中の差だろう。

皇帝にまで成り上がった武則天は、どんな女性だった？

唐王朝は、第三代皇帝・高宗が没すると、高宗の后であった武則天（則天武后）が傀儡の皇帝を擁立し、やがてみずからが皇帝となり、国号を「周」として、唐はいったん途切れる。武則天は中国大陸で唯一、女帝とまでなった女傑だ。

武則天（武照）は、大逆転で后の座を勝ち得た女性でもある。もともと、彼女は第二代皇帝・太宗の後宮の一員にすぎなかった。太宗は唐帝国の基盤をつくった実力者であった。

その太宗から武照はさほどの寵愛を受けず、太宗が没してのち、尼にされていた。そこに太宗の子で皇帝となった高宗が、武照をわざわざ後宮に呼び戻し、皇后を廃して新たな后にまでしたのだ。

じつのところ、そこには高宗の皇后・王氏の事情と計略があったようだ。当時、高宗は蕭淑妃を寵愛していて、王氏はこれを嫌った。高宗と蕭淑妃を切り離すために、王氏が武照を後宮に呼び戻したのだ。

武照は、スマートさと都会的な利発さを併せもった女性だったと思われる。新興の官僚層の娘であったからだ。当時の後宮にいた女性にない聡明さを有していたとしてもおかしくない。王氏は、おそらく高宗の好みを知っていたのだろう。洗練度の高い武照なら、高宗から蕭淑妃を切り離せると見こんだのだ。

彼女が登場するまで、唐の後宮は田舎臭くさえあった。もともと隋の帝室・煬氏にしろ、唐の帝室・李氏にしろ、辺境の軍閥集団の出自である。彼らは武川軍閥集団といわれ、北辺の国境地帯でモンゴルと対峙する国境守備隊であった。彼らはモンゴル系の鮮卑と漢族の血を引くともされ、軍閥集団内で通婚をくり返していた。唐帝国が中国大陸を統一できたのも、武川軍閥集団の助力があったからだ。

唐帝国では、皇后には武川軍閥集団内の娘か、あるいは門閥貴族の娘を選ぶのがつねであった。ただ、武川軍閥集団は、もとが北辺の田舎者である。唐の祖・李淵や李世民（太宗）の挙兵地も、北辺の晋陽（太原）であった。おそらく、唐の後宮の女性らは、さほど洗練されていなかったと思われる。

騎馬軍団を率いて戦った太宗は、それでも十分に満足していたかもしれないが、武人型でない高宗は違った。都会的な知性をまとった武照に、病弱な高宗は魅せられたのだろう。武照は、高宗向きの女性であったと考えられるのだ。

武則天は、ただの残虐な独裁者だったのか？

高宗の皇后となった武則天は、すぐに高宗を尻の下に敷き、独裁にはしりはじめた。彼女の性格の問題でもあろうが、敵が多かったからだ。新興官僚系の娘である彼女は、唐の宮廷にあって少数派であり、皇帝以外に強い後ろ楯（だて）がない。彼女が皇后として身の安全を確保するには、粛清（しゅくせい）が必要であった。とくに武川軍閥集団の流れを汲（く）む者らは、武則天から強く警戒され、殺された。高宗の前の后である王氏も殺されたし、高宗の母の兄にあたる功臣・長孫無忌（ちょうそんむき）も、役職を罷免（ひめん）されてのち殺されている。

武則天による粛清は、しだいにエスカレートする。高祖（こうそ）（李淵）、太宗（李世民）の血を継承する者らも殺され、武則天と高宗の子までが犠牲者となっていた。

武則天による宮中の大粛清に、夫である高宗は無力であった。高宗は武則天に完全に牛耳（ぎゅうじ）られ、武則天に政治を任せていた。

武則天は、残酷な独裁者のようにいわれる。たしかにその一面もあるが、彼女の時代、唐帝国は安定した。武川軍閥集団の流れを汲む者や古い門閥貴族を排したため、科挙（かきょ）を通り抜けた官僚が台頭し、中央集権化が進んだ。

外交面でも、唐の全盛期を築いている。とりわけ、朝鮮半島での計略は成功した。朝鮮半島の白村江（はくすきのえ）の戦いでは、ヤマト朝廷の軍を破り、倭（わ）（日本）を朝鮮半島から追い出した。返す刀で、宿敵の高句麗（こうくり）を滅ぼしてもいる。高句麗は、隋の煬帝や唐の太宗も手こずらせてきた難敵だ。この難敵を攻略した一点で、武則天はなみの皇帝ではなかろう。

武則天は盤石な体制を敷いたから、高宗が没してのちも、その権力が揺らぐことはなかった。高宗に代わって皇帝となったのは、高宗と武則天の子・中宗である。彼女はこれを気に入らず、中宗を廃し、代わりに睿宗を擁立している。武則天は、その睿宗も廃して、ついにはみずからが皇帝となり、国号を「周」とした。

中国大陸では、男が女性を支配してきた。儒教道徳は女性を縛ってきた。けれども唐の時代、武則天のように男を支配する女性も現れていたのだ。

武則天がつくった美少年ハーレムの実態とは

中華皇帝となった武則天がやったことといえば、みずからのハーレムをつくることであった。歴代中華皇帝たちは、豪華なハーレムをつくり、そこに美女を集めた。女性である武則天の場合、美男子たちを集め、後宮とした。

集められた美男子たちは「妃嬪」の名で呼ばれ、後宮は「控鶴監」と名付けられた。ここに、およそ三千人の美男子、つまり「妃嬪」たちがあった。

武則天がとくに気に入った寵童は、張昌宗、張易之の美少年兄弟であった。彼らふたりは、つねに白粉を塗り、口紅をさしていたという。武則天は彼らふたりをつねに傍らに置いていた。

ただ、武則天が皇帝になったときには、すでに六十歳を超えようとしていた。当時の感覚では、すでに老境である。彼女が美男子たちとどれだけ性を愉しめたかはわからない。武則天は美少年たちと体を接することで、若さをよみがえらせ、さらに長寿を得たかったのだろう。このあたりの心理は、男の皇帝と変わるところがない。

武則天の最晩年となる七〇五年、中宗を擁立したクーデターが発生する。クーデター一派は、武則天の愛人であった張兄弟を斬り、武則天を別宮に幽閉した。彼女はここで死没し、中宗により唐は再興している。

武則天の再来を狙った韋后がたどった末路とは

中宗の復位によって再興された唐帝国だが、すぐに情況はクーデター以前に戻ろうとしていた。というのも、中宗の皇后である韋后が武則天の再来を狙ったからだ。

中宗は、意思力のない皇帝であった。彼に代わって、政治にかかわりはじめたのが、韋后であった。さらに、韋后の娘である安楽公主もまた、野心をもった。

このとき、韋后と結託したのが武則天の一族たちであった。とくに武則天の甥である武三思は野心家であり、韋后、安楽公主と結託した。

ただ、韋后は武則天のようにはなれなかった。彼女は、夫である中宗を邪魔に思い、暗殺してしまう。代わって中宗の子を皇帝に擁立し、みずからは摂政になろうとしたが、ここで反対派が結集する。

中心となったのは、廃されていた睿宗の子・李隆基である。李隆基のクーデターは成功、韋后や武氏一族をことごとく殺害し、代わって睿宗がふたたび帝位に就いた。李隆基こそは、のちの玄宗である。

中国では、武則天、韋后の時代を総称して「武韋の禍」とも呼んできた。じっさいには武則天や韋后の時代はそう悪くはなく、唐は栄えつづけていたのだが、中国には女性は男たちの下位にあらねばならないという通念がある。歴史家たちは、女性が天下を牛耳ろうとしたことが気に入らず、「禍」の名で呼んできたのだ。

いま言えるのは、唐帝国の女性は野心をむき出しにして、奔放に生きることも可能だったということだ。唐の時代、儒教思想は衰退、女性を縛る思想は弱かった。

この時代に科挙が本格始動したように、実力主義の気風もあった。実力があれば、女性でも皇帝になれるとの気風さえあったのだ。ゆえに、武則天や韋后も男なみに権力ゲームを愉しんでいたのだ。

玄宗皇帝は、本当に楊貴妃を愛していたのか？

韋后の独裁への野望を絶った李隆基は、睿宗が没してのち、玄宗として即位する。玄宗の時代の前半は、「開元の治」とも賞されるが、彼の治世の後半は惨憺たるものだ。楊貴妃（楊玉環）を寵愛したあまり、安史の乱を勃発させてしまったからだ。安史の乱は、唐帝国の繁栄を終わらせた大乱である。安禄山と史思明の乱の前に、玄宗は長安を捨て、四川まで落ち延びねばならなかった。乱の平定には、ウイグル兵に支援を仰がねばならず、以後、唐はウイグルの属国のようにもなる。

玄宗と楊貴妃の愛は、後世、詩人・白居易による「長恨歌」で知られる。「長恨歌」では、ふたりの愛はかなり美化されているが、現実はかなり異なったようだ。

楊貴妃は、玄宗の子の妃であった。玄宗は楊貴妃をひと目見たとたん気に入ったようで、息子から奪い取って、みずからのものにしている。

玄宗がどれだけ楊貴妃を愛していたかは、じつのところ定かではない。楊貴妃を輩出した楊氏には、美人の三姉妹があり、玄宗は彼女たちにも手を出していたと伝えられる。また、楊貴妃は安禄山と通じていたともいわれる。玄宗は、七四五年には六十歳を迎えている。このころの玄宗に楊貴妃を満足させる精力があったとは思えず、楊貴妃がほかの男と関係をもっても不思議ではない。

問題は、楊貴妃との愛云々よりも、玄宗が楊一族を重用しすぎたことにあった。玄宗はとくに楊貴妃のいとこである楊国忠を重用し、楊一族の外戚政治がはじまってもおかしくなかった。この楊氏の権勢に反発したのが、武将の安禄山だった。

楊貴妃の末路は、悲惨である。玄宗が楊国忠、楊貴妃らをともなって、四川に落ち延びる途中、護衛の兵士たちは反乱を起こす。彼らの要求は楊一族の誅滅であり、楊貴妃も例外ではなかった。玄宗は楊貴妃ひとりを守ることさえできず、楊貴妃は兵士に絞め殺された。いったい、玄宗には楊貴妃への愛があったのかどうか。たんに楊一族に誑かされていたというのが、真相かもしれない。

「傾国の美女」とも呼ばれる楊貴妃

㊄ 奔放から貞女へ…変身をとげた女性たち

宋代以降「女性の貞節」が求められるようになった理由

中国では、十世紀初頭に唐帝国が滅亡、混乱を経て、九六〇年に宋が建国される。宋の時代は、中国大陸の男女にとって大きな転換点となった。中国では、宋代以降、女性に「貞節」がことさらに求められるようになったのだ。

たしかに、漢や唐の時代にあっても、儒者らによって、女性の貞節がとやかく言われることがあった。

ただ、儒者の言説などまともに聞く者はさしておらず、中国の女性たちは奔放に生きてきた。男たちも、これを容認してきた。だから、唐の時代には武則天や韋后のように、男を支配してやろうという野心的な女性さえもが登場していた。

その中国が、宋代でがらりと変わるのだ。その典型が、女性の再婚にかんしてである。それまで夫を失った女性の再婚はわりとありえる話であったが、宋代以降、ありえないものとなった。中国では、女性はひとりの夫にのみ仕える身であり、その生涯で、ふたりの夫に仕えることは貞節を汚す(けが)ものとされたのだ。

宋代の中国で、女性の貞節が強く問われるようになったのは、宋学の流行による。中国では、漢帝国の時代に儒教が国教化したとはいえ、その後、儒教は道(どう)教や仏教の前に力を失っていった。けれども、宋の時代、士大夫(したいふ)たちは儒教の再生・中興にとりかかった。これが宋学といわれ、南宋の時代に登場した朱熹(しゅき)が朱子学として完成する。

朱子学を完成させた朱熹

この朱子学の完成にいたる過程で、女性の貞節が主張されるようになったのだ。その根幹となっている思想は、「餓死(がし)するは事小にして、節を失うは事大なり」である。

これは、朱熹の尊敬していた儒学者・程伊川(ていいせん)の言葉だという。程伊川は、ある人物から「餓死の迫った寡婦の再婚は許されるか」と問われ、この言葉を吐いたという。つまり、餓死することは道義上さほど大したことではないが、節を失う、つまり女性が貞節を守らないのはとんでもないことだというのだ。

宋の時代に厳格な朱子学が形成されていったのは、士大夫たちが「中華」の危機を自覚していたからだろう。唐帝国が滅亡に向かうあたりから、東アジアでは勢力の再編がはじまっていた。それまで中国大陸の漢族から野蛮人と蔑まれていたような民族が勃興をはじめたのだ。彼らは強力な騎馬軍団を擁して、宋を圧迫するようになった。しかも、独自の文字を有して、独自の文化をめざすようになった。

異民族の勃興により、中国大陸の王朝は劣勢に立たされた。満洲に台頭したジュルチン（女真）の金帝国はいったん宋を滅ぼし、華北に独自の王朝を築く。宋の残党は華南に逃れ、ここで南宋を興したものの、モンゴル帝国の前に滅亡の憂き目にあった。新たなる支配者であったモンゴル人たちは、漢族の文化をまったく理解せず、軽蔑さえしていた。

こうして「中華」が崩壊していく過程で、宋学を志す者たちは、「中華」のあり方を考え、強烈な中華思想をもつようになった。朱子学の説く中華思想の根本には、「華夷の別」がある。「華夷の別」では、漢族の文化的な優位、夷狄（異民族）の劣位が説かれ、そこに截然たる上下関係を求めようとした。

その「華夷の別」における上下関係は、ほかにも当てはめられた。それが「節」という言葉になる。つまり、臣は君のために節を守り、忠義を尽くす。子は父のために節を守り、孝養を尽くす。その延長線上で、妻は夫のために節を守り、貞女でありつづけなければならないとしたのだ。

そこには、男たちの虚勢もあっただろう。強大化する異民族の前に、宋朝の男たちは無力であった。彼らは、これを認めたくはなかった。ゆえに、宋朝の男たちは、文化、精神レベルの高さに重きを置こうとした。ちょうど、二十世紀、日米戦争に劣勢となった日本政府がやたらと精神論を重視しはじめたのと似ている。

士大夫たちは、この思想に大きな意味を見出し、序列にうるさくなった。彼らが男女の序列にこだわるようになったとき、「貞節」を女性に押しつけるようにもなったのだ。

なぜ、中国大陸では処女信仰がエスカレートした？

宋の時代以後、中国大陸で女性の貞節が強調されるようになると、当然のごとく、処女が重視されるようになる。中国では、皇帝から市井の民まで、妻が処女であるか、そうでないかにこだわるようになった。

たしかに、中国大陸では古代から女性の処女性を意識していた。すでに述べたように、中国では男たちは女性をみずからの所有物のようにみなしてきた。その所有物をほかの男で汚されるのは癪であったからだ。

そのいっぽうで、男たちはまだまだ鷹揚であった。皇帝ですら、さほど処女にこだわっていなかった。

隋の煬帝は、父の寵愛した女性をわがものとしたし、唐の高宗もまたそうだった。高宗は、父・太宗の後宮にあった武則天に惚れているから、皇帝たちもいい加減であった。

それが、宋代以降、一変したのである。男たちは、他人と交わった経験のある女性を嫌うようになった。結婚相手としては、まず考えられない。

だから、結婚初夜は新郎新婦にとってきわめて重要な瞬間となる。ここで、処女膜が破れたあかしとしての出血がなければ、新郎は愕然とする。怒りのあまり、新郎が新婦を殴ったり、実家に追い返したりしてしまうこともあった。

貞節を守らない女性に待ち受けていた酷刑とは

女性に貞節を強く求める意識は、時代を追うごとに過酷なものにすらなっていく。中国では、未亡人にも節を強制するようになったのだ。

宋が滅び、モンゴル帝国支配の時代を経てのち、十四世紀、明帝国が建国されたときのことだ。明の初代皇帝・洪武帝は、以下の詔を発している。

「およそ民間の寡婦は、三十歳以前に夫が亡くなったのに志を守り、五十歳以後も節を改めなかった者は、門閭（村の入り口の門）に旌表し、その家の差役を免除する」

つまり、洪武帝は、寡婦の名を村里の入り口の門で顕彰して讃え、その家の労務を免除するとしたのだ。ついに、中国では皇帝の命令で寡婦が推奨される時代に突入する。

洪武帝は、儒教による統治を推し進めた人物である。住民には「聖諭六言（略して、六諭）」を唱えさせ、そこには「父母に孝順であれ」と説いていた。同じように、亡き夫への節義を守る寡婦を讃えようとしていたのだ。

こうして、中国では「節婦」「烈婦」「烈女」が讃えられるようになる。「節婦」

とは、夫の死後、再婚しなかった女性だ。とりわけ、世話をしなければならない子がなくとも、仕えなければならない親がなくとも、節を守った女性は評価された。
「烈婦」とは、夫の死後みずからも死を選び、夫に殉じた女性である。「烈女」とは、夫になるべき男性が死んでしまったのち、みずからも果てた女性である。あるいは、強姦されそうになって、みずから命を絶った女性だ。

中国では、「貞節牌坊」や「烈女祠」が建てられ、ここに「節婦」や「烈婦」の名が刻まれた。唐の時代にも「節婦」「烈女」らを讃えてその名を残す風習はあったが、唐代ではわずか五十一人にすぎない。これが、明帝国の時代には三万六千人にも増大した。

「節婦」「烈婦」の数は、明朝ののち、清帝国の時代も増大する。日本に帰化した著述家・石平は、おおまかな試算をなしている。彼によるなら、ひとつの県から出る「節婦」「烈婦」の数は年間およそ三千人となる。

中国全土には二千もの県があり、清の中国大陸統治時代はおよそ二百六十年つづいた。そこから計算するなら、清朝の時代、「節婦」「烈婦」は六百万人いたことになる。誤差があることを考慮しても、清朝ではおよそ五百万人もの「節婦」「烈婦」を出していたという推測も成り立つ。

中国大陸で、夫の死後に自殺する寡婦が増えたのは、家族がそれを望んだからだ。家族は寡婦に自殺するよう説き、脅しさえもしたようだ。

福州では、夫に先立たれた女性は、父母や兄弟から自殺を迫られるのが常態化していたという。大勢の人の集まるところに高い台を築き、ここを首吊りの場とした。女性が首吊りを嫌がるなら、家族が女性を罵り、鞭打ってまで、自殺を強要していたという。

寡婦が長生きするのは、家族にとってはきわめて危険である。どこかで再婚する可能性もあれば、強姦されることだってあろう。そうなれば、家族全体が寡婦のために大恥をかく。寡婦が長生きするのは、家族にとっては高いリスクでもあるから、死を迫るようにもなったのだ。孤立した未亡人は、泣く泣く自殺するよりなかった。

そもそも、「未亡人」という熟語は、いまだ死んでいない人という意味だ。つまり夫に死なれてのち、共に死ぬべきだったのに、いまだ生きている人という意味であり、蔑称でさえある。

こうして中国大陸では女性の守節が讃えられ、強制されもしたが、逆に節を守らない女性はどうなったか。

虞美人も「烈女」とされた

彼女たちには、厳しい刑罰が待っていた。国家も罰したし、家族もまた懲罰を加えた。節を破った女性は一族から追放された。あるいは、火あぶりにされたり、水のなかに沈められたりもした。最悪の場合、「凌遅」という、肉体を切り刻む刑に処せられたのだ。

中国で「烈女」信仰が定着していくなかで生まれたのが、「虞美人」の伝説だ。虞美人は、紀元前三世紀に、漢の祖である劉邦と戦った項羽の愛人として知られる。項羽が敗北し、死を選んでいくなか、彼女もつき従ったとされるが、古い時代の文献に彼女がどうなったかは書かれていない。

ところが、それから千年以上を経た宋の時代以後、虞美人の最期が語られるようになる。虞美人は項羽によって殺されたという話もあったが、しだいに虞美人は自殺したのだと話が定着化していく。「烈女」信仰のなか、虞美人もまた「烈女」にされていたのだ。

日本よりもさらに厳しいものだった「男女の別」

宋代以降、中国社会で女性の「貞節」が強く問われていくようになると、幼い男女が共にあることを忌避するようになる。中国では、少年少女の時代から、男女が分けられるようになったのだ。

もともと、中国には男女が共に行動するのを忌むところがあった。『礼記』には、「男女は雑坐せず」「男女、拝受するに親らせず」などとある。つまり、男女は同じ席に座らず、男女のあいだでは直接もののやりとりをしないことが求められていた。

朱子学の完成する宋代以降、少年と少女の隔離はより強い形となって社会に求められるようになった。中国では、女性を幼いころから家に閉じこめていくようになり、家のなかでも、きょうだいを早くに隔離した。清朝の時代、『蔣氏家訓』には、「子どもが成長して十歳になれば大人であるので、兄妹や妹弟であっても、同じ部屋で過ごしてはならず、席を同じくして食べてはならない」ともしている。

こうした教育がなされているから、中国の女性は過剰なまでに「貞節」を意識するようにもなったのだ。

こんな話がある。十九世紀、清朝の時代、川が氾濫（はんらん）したとき、ある女性が氾濫した水に流されそうになった。このとき、ある男が女性の臀部（でんぶ）に手を差し伸べ、女性を助けた。

助けられた女性は、この救助を喜ばなかったばかりか、憤慨（ふんがい）した。男によって臀部が汚されたと思い、川に身を投じて死を選んだのである。

女性にならって、男たちも貞節を守っていた？

宋の時代以後、女性たちは貞節を守ることを人生の第一義と考えるようになった。では、男たちも貞節を守るようになったかといえば、そうではない。男たちは、妻との性生活のみで満足しなかった。複数の女性たちと当たり前のように遊んでいたのだ。

宋朝の時代、遊廓（ゆうかく）については唐代以上のにぎわいを見せていた。唐の時代まで、都の城内では夜間の外出が禁止されていた。宋の時代になると、夜間の外出禁止を解いたから、男たちは夜になると、妓院（ぎいん）や娼家（しょうか）で遊びはじめた。

宋朝時代、街の妓楼（ぎろう）や娼家がいかに繁栄していたかは、第八代皇帝・徽（き）宗の行状でもわかる。徽宗は「風流天子」とも称された皇帝である。彼には芸術への強い意欲と才能があり、書画の達人でもあった。その道楽が過ぎて、方臘の乱を招く。しまいには、満洲に勃興したジュルチン（女真）を侮り、亡国を招きもした人物だ。

徽宗皇帝の道楽には女道楽もあり、彼はハーレムの美女とも悦楽の日々を過ごしていた。けれども、徽宗はそれだけでは満足できなかった。彼は粗末な衣服に着替え、ひそかに外出して妓女を買いあさっていたという。

徽宗が街の妓女とも遊んだのは、後宮の美女たちに飽きたからでもあろうが、都市の妓女、妓院に強い興味を抱いたからでもあろう。皇帝を振り向かせるくらい、宋代の妓院は繁栄し、後宮にはない粋があったと思われる。

宋朝では、経済が発達し、カネが動いていた。経済興隆のなか、遊廓も発達し、そのレベルを上げていた。ゆえに、皇帝の後宮でも得られないほどの魅力もあったのだ。

以後、中国では徽宗のように、市井に出て妓女を求める皇帝がときどき出てきはじめる。女性を家に押しこめておいて、男たちは遊廓で大いに愉しんでいたのだ。

中国では、男は何をしても許され、女性のみに貞節が強制されていた。これを不正義、矛盾と考える者はそうはいなかった。

そもそも、貞節を強く説いた朱熹にしてからが、みずからを貞節の外に置いていた。彼はふたりの尼僧を妾（めかけ）にしていたというし、長男の嫁にも手を出していた。長男の死後、未亡人になった彼女を妊娠させている。朱熹は、一般女性には貞節を求めながらも、身近な女性には貞節など求めていなかったのだ。

朱子学を大成させた朱熹にしてからが、このありさまだったから、一般の住人はなおさらである。男たちは特権を得ていて、そこにあぐらをかいていたともいえる。

妻を「所有」する夫の多くが恐妻家になったワケとは

中国では、朱子学の進展にともなうかのように、女性は家に押しこめられ、不自由となった。と同時に、女性の地位が低下するほどに、意外なことに恐妻家が増えはじめている。

すでに、宋の時代以前、古代から中国には恐妻家があった。それが宋代以降、さらに増えたのである。教養ある士大夫たちの少なからずは、妻にはビクビクしていたと伝えられる。

そこにはさまざまな理由が絡んでいるのだが、ひとつには男たちが遊廓遊びに忙しく、家を留守にしがちだったからだ。すぐれた軍人の場合なら、戦争のために家を留守にしなければならなかった。このとき「人質」となったのが、子どもたちである。

中国では、ことのほか男児の跡継ぎを重視する。その男児の跡継ぎが妻の手中にあるなら、夫の妻に対する発言力は弱くなる。そればかりか、妻は子を手中にしているのをいいことに、夫に暴言さえも吐き、夫はこれに唯々諾々となるしかない。また、中国の女性は概して強気であり、嫉妬深い。いったん嫉妬の心に火がつくなら、怒りの激情を夫にぶつけ、夫の言い訳に聞く耳をもたない。

中国社会では、基本的には妻の嫉妬を禁じている。妻は夫の外での女遊びに寛容でなくてはならないともしている。たとえば、清朝時代の『女学言行録』には、「妻たるの道は、多数の妾のすべてに夫から歓びを得させることである」としている。

けれども、現実はおうおうにしてそうではないのだ。たとえば、明の時代、武将・戚継光と彼の妻の話がある。戚継光は倭寇を討伐したことで名をあげた男なのだが、彼もまた恐妻家であった。厳格な彼には、かつて軍法会議によって、わが子を斬った過去があった。これが妻の怒りを買い、彼は妻に妾をもたないと誓わねばならなかった。

けれども、戚継光はひそかに妾をもち、妾とのあいだに子までをなしてしまう。これを知った妻は激怒し、妾と子の処分を断行しようとした。戚継光は妻にはなんら抗弁できなかったが、ここで妻の弟を脅し、ようやく妻にストップをかけることができた。妾は杖で打たれて放逐されたのみで許され、結局、妻の死後、戚継光のもとに戻っている。

中国では、妻は嫉妬のあまり妾を殺そうとまでする。その嫉妬心の強さに加え、日々の鬱屈がある。中国の女性はただでさえ、家に押しこめられ、鬱屈しきっている。その鬱屈が嫉妬や何かと結びつき爆発するなら、凄まじい大きなエネルギーとなって、夫に向かいやすい。こうなると、夫は妻を御することができず、妻の尻の下に敷かれてしまうのだ。

妻が夫に支配的になろうとするのは、彼女が家のなかで生き残るためでもあろう。妻は、夫を強制的に従えて、家のなかで生き残りたいのだ。

すでに述べたように、中国の家では、妻は他人に近い扱いだ。それは、夫婦別姓に見てとることができる。現代日本では夫婦別姓を男女同権の象徴に受けとめ、中国や朝鮮半島の夫婦別姓を先進的であったと見る向きもある。けれども、中国の夫婦別姓は、妻を家の人間とみなしていない表れである。

中国社会にあっては、子孫をつくることこそが大事であった。子を産んでしまえば、その家にとって妻は用済みのようなものであり、完全な一族の者とはみなされがたい。

妻は家のなかで孤立しがちであり、だからこそ味方が欲しい。そのために、夫を強引にでも尻に敷くのである。中国の女性は、家に押しこめられて泣いているばかりではない。反撃にも出ているのだ。

中華文化の虜になった皇帝が歩んだ破滅への道

宋の時代、中国の性文化は高いレベルにあり、男たちを惑溺(わくでき)させた。その魅力を知ったがために破滅の道を歩んだのが、金(きん)帝国の海陵王(かいりょうおう)である。

十二世紀、満洲に台頭したジュルチンの金は、いったんは宋を滅ぼし、宋の残党は華南に亡命し、南宋をつくった。その後、金の皇帝たちは華北をどうするかに戸惑(とまど)っていたが、第三代の熙(き)宗、第四代の海陵王の時代、ジュルチンたちは華北への定住化に向かった。

海陵王は、従弟(いとこ)である熙宗を殺害して、皇帝となった男である。彼は幼少のころ、神童とも呼ばれ、若いころから漢族の中華文化に親しみ、魅了されていた。そこから先、彼は夢を抱いた。南宋を打ち砕き、中国大陸を統一し、天下一の美女を娶るという野望だ。

海陵王は、満洲にあった都を中国大陸の燕京（北京）に移す。彼は、金を中国風の国家につくりかえるべく、遷都したのである。ここにも海陵王の中国文化への愛と惑溺を見てとれる。

海陵王が魅せられた中華文化には、皇帝独裁の血塗られた政治文化、蠱惑的な後宮文化があった。彼は、そのどちらにも冒されていた。

即位する前、海陵王の側にあったのは、三人程度の妻妾であった。海陵王は煕宗を殺害して即位するや、中華皇帝なみの後宮を欲するようになる。ただ、彼には中国的な教養があり、そこには自制もあった。中華文化に耽溺した彼は、中国の史書を読み、皇帝が国家事業として女あさりをしたのでは、住人の恨みを買い、国を滅ぼしてしまいかねないと自覚していた。

しかたなく、彼が後宮に入れはじめたのは、まずは親戚の娘や家臣の娘たちである。海陵王は、実の兄を謀殺し、その妻と娘を手に入れた。彼は、兄嫁と実の姪と交わり、子を孕ませていた。それだけでは済まず、帝室に連なる実力者や建国以来の家臣を粛清し、彼らの妻や妾を後宮に入れた。海陵王は、皇帝権力の強化とハーレムづくりを同時に行なっていたのだ。

それは、海陵王の評判を落とす行為であった。兄嫁や姪を犯す行為は、中国大陸の文化では変態と見られる。彼はのちに「獣性狂」のあだ名をもらうようになる。海陵王の性欲は、やがて歯止めが利かなくなる。彼の後宮にあったのは、満洲を故郷とするジュルチンの血をひく者らであり、いってみれば田舎娘たちだ。彼女らは、洗練されていたとは思えず、海陵王はより質の高い美女を求めはじめた。

海陵王が狙ったのは、かつての皇帝の家系にある娘たちだった。金はすでにキタイ人の遼帝国、漢族の北宋を滅ぼしていた。海陵王は、遼の皇帝の末裔である耶律氏の血をひく女性、宋の皇帝・趙氏の血をひく女性らを後宮に集めたのだ。皇帝の血をひく女性となら、格調の高い性を営めるとでも思っていたのだろうか。

こうした海陵王の荒淫が行き着く先は、処女嗜好であった。海陵王がハーレムを形成していった時代、彼は大臣の妻や妾とも交わった。つまり、彼にはもともと処女嗜好がなかった。

けれども、彼はしだいに宮廷で身近なところにある処女を狙い、犯すことを好むようになった。すでに述べたように、中国の文化では、処女には高い価値がある。

中国文化にことさらに惑溺した海陵王は、中国流に処女を好むようになり、これを中華型のセックスとでもみなしていたのだろうか。

海陵王を破滅に追いやったのは、南宋の征服作戦であった。誇り高い中華皇帝であるためには、華北の皇帝の座のみでは満足していられない。海陵王は南宋の征服が必要だと考えたが、湿潤地帯である華南では金の得意とする騎馬軍団の動きが悪くなった。海陵王の軍は苦戦をつづけたうえ、本国ではクーデターも起きた。そうした混乱のなか、海陵王は暗殺されている。

こののち、金の宮廷では海陵王のなみ外れた淫行を恥じ、彼を廃帝にしている。後世、海陵王は中国史に残る悪行のセックス亡者皇帝のように語られるが、そこには後世の潤色も少なくないと思われる。海陵王は異民族ゆえに、後世の漢族からはことさらに悪く言われるようになったようだ。ただ、彼の淫蕩は、彼が中国文化にのめりこみすぎたためのものともいえるのだが。

人肉、幼児の尿…驚愕の材料が使われた明代の精力剤

十四世紀、中国大陸からモンゴル人を追い払ったのは、洪武帝にはじまる明帝国

である。洪武帝は住人を儒教で教化しようとした堅物の皇帝だが、それは彼一代で終わる。結局のところ、明の時代にあっても、男たちは妓楼で遊び、歴代皇帝たちは後宮で荒淫に耽っていた。

その明の時代にさかんになったのが、性の妙薬づくりである。いかに精力を増大させ、男根をたくましいものにするか——そのための性の妙薬づくりは、古代からあった。女性の愛液は男の強壮に役立つとも考えられてきたが、明の時代になると、妙薬づくりがよりエスカレートする。

経済発展のおかげで、明の皇帝や士大夫らにはカネがあった。足りないのは、絶倫の精力だけである。若いころはみずからを絶倫のように思っていても、荒淫に耽り、歳をとっていくと、男根はこころもとなくなってくる。そこで、彼らは性の妙薬を求めたのだ。

中国における性の妙薬の中で「三大奇薬」といえば、「紅鉛」「秋石」「二脚肉」である。このうち「秋石」は幼児の尿、「二脚肉」は人肉のことだ。

中国の文化には、食人の習慣があった。食人はたんに飢餓から逃れるためのものではなく、薬用目的でもあった。

中国では、罪人の肉を細かく削いでいく「凌遅の刑」があった。この刑の執行後、細かく刻まれた罪人の肉は、集まった民衆に売られた。人肉には吹き出物を治す効果があると信じられていたからだが、そのいっぽうで、強壮の効果もあると考えられていた。

人肉信仰は、歴史も動かす。十九世紀末、清帝国の独裁者となっていたのは、西太后である。西太后についての詳細は後述するとして、彼女は甥の光緒帝を憎み、ついには幽閉死に追いこんでいる。

西太后が光緒帝を嫌ったのは、光緒帝が改革をめざしたからだが、ほかにも理由が噂される。光緒帝が、西太后にみずからの肉を捧げなかったからだ。

まだ光緒帝が若く、西太后に完全な権限のある時代、西太后は重病を患う。光緒帝が西太后の病床を見舞ったとき、そこに居合わせたのが、宦官の李蓮英だ。西太后が彼らふたりにひとり言のように洩らした言葉は、「きっと助からないのはわかっています。私の病気を治せる、たったひとつの薬を捧げてくれるような忠義の若者は誰もいないのですから」であった。

このあと、西太后は元気を回復する。李蓮英が西太后の意を汲みとり、わが太腿の肉を削ぎ、これを料理して、西太后に献上、効能があったからだという。これにより、李蓮英は西太后のおぼえめでたい人物となり、何もしなかった光緒帝は見放されたのだ。

さて、三奇薬のなかで、もっとも人気があったのは「紅鉛」だ。紅鉛は、女性の生理時の血を原材料にしている。

とりわけ好まれたのは、健康な美少女の初潮の血である。初潮の血でなければ、五度目までの月経の血がよいとされた。

この月経の血を、半熟の梅の実からつくった烏梅水に入れ、七度乾燥させる。こののち、辰砂（硫化水銀）、乳粉、糞などを混ぜてこしらえたのが「紅鉛」だ。

明の時代、紅鉛の効果は絶大といわれ、大きな需要があった。ふつうの妙薬を飲むのにくらべ、百倍もの効果があるとされ、一年に二、三度飲むだけで、強壮でいられるとされたからだ。

これにハマったのが、後述するように、明の皇帝たちだった。十六世紀の嘉靖帝は、八歳から十四歳まで三百人の美少女を宮中に集めた。翌年には百人余を集め、彼女たちの月経の血から「紅鉛」をこしらえ、淫蕩に耽ったのだ。

以後、明の皇帝たちは紅鉛に魅せられる。嘉靖帝の子・隆慶帝も紅鉛を愛用した。また、泰昌帝は、臣下に勧められた紅鉛を飲んで、急死している。

それだけではない。明の中興をなしたといわれる宰相・張居正もまた、紅鉛を愛用するようになり、あまりの服用に早死にしたともいわれる。

明帝国では、エロ小説や春画も花盛りに!

中国では、明帝国の時代の半ばあたりから、エロ小説がさかんになる。それは、出版ブームと、エロ熱の合体であったといっていい。

中国大陸での傑作小説は、じつは明の時代に集中している。この時期、羅貫中の『三国志演義』や『水滸伝』、呉承恩の『西遊記』が完成している。

これに、性愛小説の『金瓶梅』を加えて、中国の四大奇書といわれる。『三国志演義』『水滸伝』の原型は、すでにモンゴル帝国の時代にあったのだが、木版印刷と商業の発展により、明の時代に血湧き肉躍る読み物が噴出したのだ。

読み物文化が発展するなら、そこにエロも加わってくる。ちょうど日本の江戸時代に好色本が読まれたのと同じで、中国では日本より数世紀早くに好色小説までが書かれていたのだ。

その好色小説の代表が『金瓶梅』である。作者不詳のこの小説では、主人公・西門慶の性遍歴が描かれ、そこに社会描写もあったから、エロ小説の範疇を超えて評価されるようにもなった。西門慶は、およそ一世紀遅れて登場する井原西鶴の『好色一代男』の世之介のモデルではないかともいわれる。

また、明の時代には、中国の春画である「春宮画」も発展している。すでに唐や宋の時代にも存在していたが、明の時代以降、爆発的に多くなったようだ。とりわけ、唐寅、仇英というふたりの画家の春宮画が名高い。共に画を売って暮らす画家であり、彼らは春宮画も好んで描いた。

男女の交接を描いた春宮画

中国の春宮画には、裸体での交わりもあれば、着衣での交合もある。馬上でのセックスまでもが描かれているが、男女の絡みには一定の節度のようなものがあり、激情的ではない。

このあたりが、日本の江戸時代の春画とは大きく異なる。日本の春画は時代を追うごとにデフォルメされ、男根は現実を離れて巨大化し、男女の性の貪（むさぼ）りが描かれる。中国の春宮画が士大夫向けであったのと違い、日本の春画が庶民向けであったところから来る差ともいえる。

中国の好色本については、清の時代、皇帝たちがこれを禁止している。とりわけ謹厳（きんげん）な康熙（こうき）帝、雍正（ようせい）帝はエロ小説を禁じたが、それでも好色小説が消えることはなかった。

皇帝が何を言おうと、性の愉しみは容易には消えないのだ。

「科挙」合格をめざす男たちがセックスを絶った理由

中国では、男たち、とくに士大夫ともなると、女遊びはひとつの常識であった。女遊びをしない士大夫など、変わり者に近かった。

けれども、士大夫とて最初から女道楽を愉しんできたわけではない。彼らの多くは、科挙に合格し、官僚となるまで女性を絶っていたようだ。

というのも、女性と一度でも交合してしまうと、科挙の試験に落ちてしまうという言い伝えが支配的であったからだ。それは、現実にもとづいた戒（いまし）めでもあれば、思いこみでもあった。

たしかに、科挙をめざす男たちは、概して若く、性欲をコントロールしにくい。いったん女性と関係してしまうと、もはや受験勉強どころではなく、淫蕩に耽ることさえもある。これでは勉強不足となり、科挙試験の合格は危うい。

科挙の試験は、過酷であった。テキストをほぼ丸暗記しないことには、合格は保証されない。そんな丸暗記勉強の敵となるのが、性欲であり、女性の誘惑である。

現代日本にあっても、多くの大人は受験生の性行為に否定的である。早くに性に溺(おぼ)れてしまえば、受験勉強が疎(おろそ)かになるからという考えによってだ。

中国でも、こうした考えが長く支配的であり、若者たちは女性を絶って、勉強していたようだ。

明の崩壊を招いた、ふたりの男の救いがたい色欲とは

十七世紀半ば、明帝国は李自成(りじせい)の反乱によって滅び、崇禎帝(すうてい)は自殺して果てる。李自成は新たにみずから皇帝を名乗ったが、彼は帝国を建設できず、やがて惨(みじ)めな死を遂げる。満洲にあった清帝国の軍勢が中国大陸になだれこみ、李自成の軍を蹴散らしたからだ。

以後、中国大陸は満洲族の清帝国に制圧され、その版図となった。この明清交代劇を招いたのは、李自成と将軍・呉三桂、ふたりの男の救いがたいほどの色欲によってである。呉三桂は明の将軍であり、李自成の北京陥落の折、彼は山海関で清軍と対峙していた。さすがの清軍も、呉三桂の守る山海関を突破できないままであった。

李自成の北京入城にあたって、呉三桂には新たな皇帝となる李自成に忠誠を誓う選択肢もあった。けれども、彼は清軍に降伏、山海関の門を開け、清軍を中国大陸へと誘導したのである。そこには、李自成への憤怒があったからだ。

北京にあって、呉三桂の愛妾である陳円円と王玉環のふたりの女性を、李自成がわがものにしていたのだ。呉三桂は、このふたりの愛人にぞっこんであり、彼にとってこの世の宝のような存在であった。

その宝を李自成に奪われたから、逆上してしまった。彼は李自成を打倒するため、敵として戦ってきた異民族である満洲族に降って平気だった。

李自成は、部下から陳円円と王玉環を呉三桂に返還するよう諫言もされている。そうすれば、中国大陸の歴史は変わったかもしれないが、李自成はこの諫言を拒み、陳円円、王玉環を手許に置きつづけたのである。彼もまた、手にしたふたりの愛人との閨房(けいぼう)に溺れていたのだ。

李自成は、もともと田舎者である。盗賊に身を投じて、やがて賊軍の将ともなったが、それまでの人生にあって高貴な女性と交わったことがなかった。美女の誉(ほまれ)高い陳円円、王玉環を手に入れると、舞いあがってしまい、自制しようにもできなくなったのだ。

そこから先、呉三桂、そして満洲族の清を敵に回し、破滅していったのだ。李自成と呉三桂、ふたりの色欲によって、中国大陸の歴史が大きく変わったといっていい。

李自成を惑わせた陳円円、王玉環といえば、その後、落ち延びていく李自成の手で殺されている。李自成は、ふたりの女性がほかの男の手に渡ることを想像し、強い嫉妬から凶行に及んだのだ。

明・清代の士大夫たちが男色に溺れた深い事情とは

中国大陸では、十七世紀に明が滅び、代わって満洲にあった清帝国が中国全土を支配するようになる。清の全盛期を築いた皇帝たちは謹厳であり、後宮は明の時代よりも質素になったが、士大夫たちの性生活は変わらない。

男たちはあいかわらず性に放埒であり、複数の女性相手に性を愉しんだ。それだけでなく、男色をことさらに好むようにもなっている。

男色については、すでに述べたように古代から中国に根付いていたが、明の時代になおさかんになる。

もっとも男色にはしっていたのは、士大夫たちである。士大夫らには妻妾があり、女性に不自由しなかったが、それでも彼らは男色も好んだ。彼らの周囲に、いくらでも美少年たちがあったからだ。

中国では、士大夫の家には「書童」といわれる少年たちがあった。書童は、士大夫の子弟の勉学や遊びの相手もするし、士大夫の家での雑事も言いつけられた。彼らは主人の外出の折には、そのお供をした。

そして士大夫たちは、彼ら書童を性の相手としていたのだ。書童のなかでも、見目がよく利発な少年と交わり、耽溺していたのだ。

士大夫たちが美少年を好んだのは、彼らの嗜好のせいでもあろうが、もうひとつは安全保障のためだ。

士大夫が家の下女に手をつけ、それがバレたなら、どうなるか。すでに述べたように、中国の女性は、概して嫉妬深い。妻の嫉妬の嵐の前に、おろおろするしかない。そう考えるなら、書童相手に性を愉しむほうが、妊娠がないぶんだけずっと安全で、後くされがなかったのだ。

士大夫たちの男色相手は、書童のみではない。街には男娼もあった。男娼は美少年たちであり、彼らは口紅を塗り、白粉をつけ、さながら美少女のようでさえあった。士大夫たちは、彼ら美少年に萌え、家の外でも男色にはしっていたのだ。

士大夫らの男色好きは、清帝国の時代にさらにエスカレートする。清の時代には、名妓女がいないといわれる。妓女はあるにはあったが、士大夫や商人たちは美女よりも美少年に夢中であったからだ。

清帝国の時代にとくに人気があったのは、役者買いだ。中国では男優を「男伶」といい、美しい男伶は男たちの心をときめかせもした。士大夫や大商人たちは、男伶にはしりもした。

そこから先、中国の男娼は京劇仕込みにもなっていく。中国では、京劇出身の男が主人となり、貧しい家から美少年を買い取って、彼らを男娼に仕込んでいく。仕込む芸は、歌舞音曲や京劇の唱法などだ。

もちろん、少年たちには美少女のように化粧する。そこから、中国では男娼は「像姑」とも呼ばれるようになった。さながら女性のような格好をしているから、この熟語ができたのだ。

彼ら「像姑」の主人は、「老板（ラオバン）」と呼ばれるようになる。現在、中国で会社の社長や商店の経営者らを「老板」というが、語源はここにあったのだ。

中国の明清時代、士大夫が美少年に熱をあげるほどに、その熱は民衆層にも広がる。男色は中国では蔑（さげす）まれるような行為ではなく、粋（いき）な行為でもあったのだ。清の時代の多くは、日本の江戸時代と重なる。江戸時代の日本人も男色を好み、愉しんでいたが、中国大陸でも同じだったのだ。

とくに男色がさかんだったのは、福建（ふっけん）である。福建で「契」といえば、男同士の関係を意味するほどであった。

中国大陸に深く根付いてしまった「溺女（できじょ）」の習慣とは

清帝国の治世は、中国大陸の人口が増大した時代である。康熙帝の統治する一七二〇年代、人口ははじめて一億人の大台を突破、十八世紀末には三億人を超えている。この人口増大の陰にあったのが、「溺女（できじょ）」の習慣だ。「溺女」とは、女子の嬰児（えいじ）

を殺してしまうというものだ。

溺女の背後にあるのは、中国大陸に深く根付いた男児を望む信仰である。すでに述べたように、中国ではどの家庭でも男子の跡継ぎを欲してきた。それは、満洲人の統治する清の時代も変わらない。

豊かさを享受した清の時代、多くの夫婦はふたりの子をもとうとした。ふたりの子なら男子、女子双方があってよさそうなものだが、それでも男児が優先された。貧しい家では女児は捨ておかれ、餓死、病死することもあった。あるいは「溺女」とし、殺してしまうこともあったのだ。

そのため、中国大陸の男女比率を見ると、「男余り」という事態になっている。中国では、古来、皇帝や貴族、士大夫らが多くの女性を寡占してきたから、ただでさえ市井の男や農民たちに回ってくる女性は少なくなっている。男余り社会が常態化したから、中国では結婚できない男も多かったのだ。

六 〝小足〟こそ究極の美！男を恍惚とさせた纏足

中国社会が生んだ奇習「纏足」とは何か？

中国の性文化を語るとき、「纏足」は欠かせない。「纏足」とは、人工的につくりだした女性の小足のことだ。少女のころから足を小さくするための矯正が行なわれ、成長が終わるころ、足の長さはだいたい十センチ余りにとどまる。この小足が、中国大陸で尊ばれたのだ。

纏足の風習が広まるほどに、纏足の小足の女性は高貴であるとみなされる。いっぽう、ふつうに発育した足は「大足」と呼ばれ、卑しいとされた。男たちは纏足に魅せられ、小足こそが美人の条件と見るようになったのだ。

纏足の女性（左）

理想的な小足は、中国では「三寸金蓮」とも呼ばれる。「三寸」、つまり十センチほどの小足がもっとも美しいとされ、それは「金の蓮」にもたとえられたのだ。

小足好きが高じた男たちは、「金蓮癖（金蓮マニア）」とも、「蓮迷」や「拝足狂」とも呼ばれるようになった。日本人には理解しがたいだろうが、中国大陸の男たちは、纏足に激しく欲情していたのである。

男たちが小足の女性を望むほどに、女性のほうも小足になろうとする。母親たちは娘がまだ幼いころから無理矢理に小足へと強制的に改造し、男たちの期待に応えるようになった。纏足が賛美されるほどに、大足の女性は嫁ぐことも不可能になってきたから、肉体労働が必要な家でないかぎり、纏足をするのがもはや常識のようになったのだ。

纏足の風習は、中国大陸のみのものだ。日本にはもとより、朝鮮半島にもベトナムにも伝わっていない。中国人の生み出した、世界でも独得の性文化であった。

女性の纏足を見るだけで男が興奮した理由とは

中国の男たちにとって、女性の小足は性的欲望の対象であった。男たちは、女性の纏足を見るだけで興奮したのである。おそらくは女性のヌードを見るより、女性の小足を見ることのほうに、強い性的な刺激があったと思われる。

纏足は、見て愉しむのみにとどまらない。嗅覚、触覚、聴覚、味覚など五感を刺激するものであり、中国の男たちはさまざまな手法で纏足を愉しんだ。

纏足に鼻をあて、そのにおいを嗅ぐだけでも、男たちは興奮した。あるいは、纏足を舌でなめ、口に含み、口で吸う。纏足を軽く噛む。纏足をつねったり、握ったりするのも、心ときめく行為であった。閨房にあっては、纏足の両足を合わせて、その隙間にペニスを差しこみ、興奮もした。こうしたありさまは「昼間の鑑賞、夜間の賞翫（しょうがん）」ともいわれた。

　纏足好きが高じると、男たちは「鞋杯（あいはい）（靴の形をした杯）」で酒を飲み、酒を勧めるようにもなる。纏足女性用の独得の形をした靴は「弓鞋」「蓮鞋」などと呼ばれた。男たちは「弓鞋」にまで耽溺（たんでき）するようになる。鞋杯で友人に酒を勧めるのは、一種の風流にもなり、磁器製の鞋杯が多く出回るようになった。

　男たちが纏足の女性を好んだのは、彼女らがじつにはかなげで、頼りなげであったからでもあろう。纏足の女性はまともに歩けない。ふらふらしながら歩くその姿は、こころもとなく、男たちの保護欲求をかき立てもしたのだ。

　また、纏足女性とのセックスは、このうえなく気持ちのよいものであったという説もある。纏足女性の膣（ちつ）周辺の筋肉は引き締まっていて、セックス中も絶妙の締まりとなる。これに、男は完全に魅せられたというのだ。

　また、日本人には理解しがたいが、纏足は「ナマ足フェチ」の行き着いた究極の変態であったともいえる。長く靴を履くことがなかった日本人の場合、異性のナマ足は珍しいものではなかった。下駄にナマ足は見慣れたものだったから、きれいと思っても、性欲をことさらにかき立てるものではなかった。けれども、世界的には、ナマ足に強い性のにおいを感じ取る「ナマ足萌（も）え」たちが少なくないのだ。

西洋人にしろ、靴を履いて、ナマ足を隠してきた。女性の場合、長いドレスを身にまとい、足そのものの存在を隠してきた。彼らがナマ足に特殊な性のにおいを嗅いできた証拠だろう。イスラム世界の住人とてそこは同じであり、ナマ足は性的な昂奮（こうふん）と結びついていたから、世界各地でナマ足は隠蔽（いんぺい）されてきたのだ。

中国大陸の住人の場合、そのナマ足に対する興味が尋常でなかった。そこから、ナマ足を変形させて愉しむような性文化さえも生まれたといえまいか。

なぜ、宋代以降に纏足の流行がはじまった？

中国大陸で纏足がはじまったのは、古代からともいわれる。たしかに古代からその風習があったかもしれないが、纏足が流行、拡大をはじめるのは、十世紀に成立した宋朝以降のことだ。

画期的な事件として伝えられるのは、宋の成立の少し前、五代の南唐（なんとう）での出来事だ。南唐のハーレムには、窅娘（よう）という女性があり、彼女は舞の名手であった。窅娘は、現代のバレリーナが小さな靴を履くように、足を布で縛り、小さくして踊った。彼女が金の蓮の台上で踊るさまは、男たちを魅了し、その噂はしだいに広まった。

そこから先、纏足がしだいに流行り出したという。

以後、宋の時代に纏足が散見されるようになり、モンゴル帝国の支配下の時代、纏足女性は増えはじめる。支配者であるモンゴル人たちは纏足に何の興味も持たなかったが、中国の漢族たちは纏足の魅力を知りはじめ、女性にこれを求めるようになったのだ。そして、明帝国の時代になって、纏足は中国社会に完全に定着、広まっていった。纏足の理想が三寸となるのも、明の時代だ。

纏足が宋の時代以降に広まっていったのは、女性への「貞節」要求とつながっている。すでに述べたように、朱子学の完成する宋の時代以後、中国社会では女性の貞節がことさらに重視される。ほかの男と交わらせないため、中国では女性を家に押しこめた。

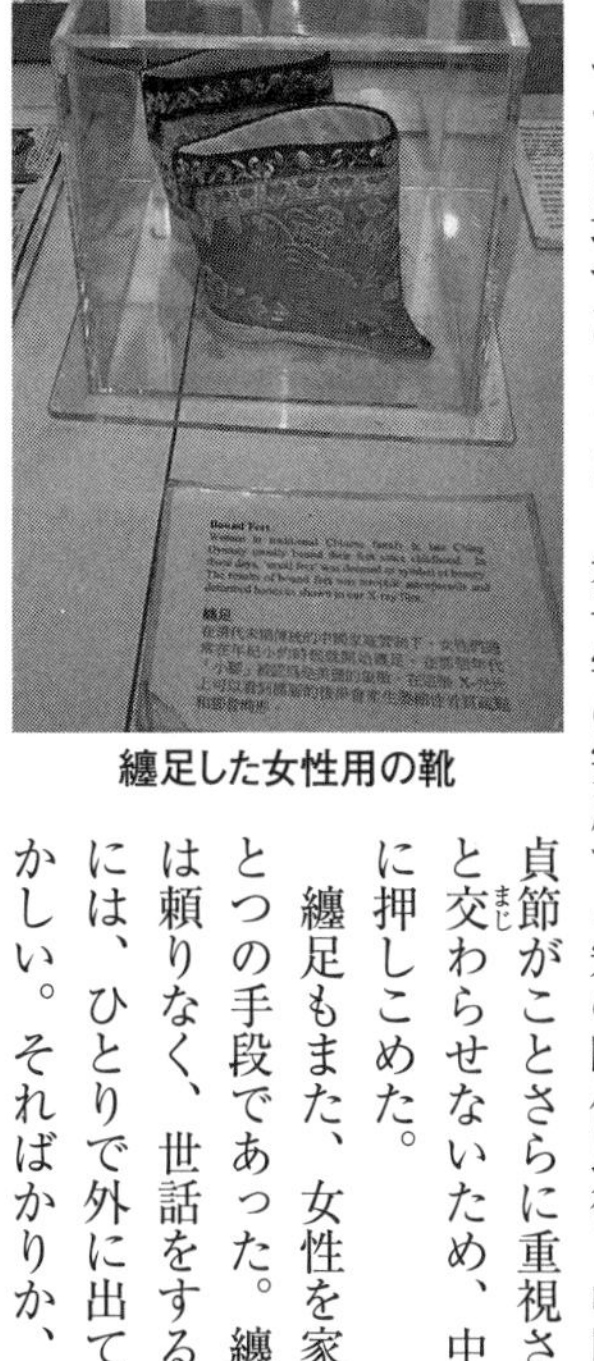

纏足した女性用の靴

纏足もまた、女性を家に押しこめるひとつの手段であった。纏足女性の歩き方は頼りなく、世話をする者がいないことには、ひとりで外に出て歩くことはむずかしい。そればかりか、家のなかでの移動であっても、苦労する。これでは、ほかの男のもとにはしることもできない。

また、纏足した女性は、まともに歩けないという意味で、無力な存在であった。纏足女性に対してなら、男たちは完全な優位を確保できた。これまた、男たちが纏足を好んだ理由だろう。

宋からモンゴル帝国の時代は、中国の男たちがそのプライドをひどく傷つけられた時代である。宋は遼、金といった異民族の帝国に圧迫されつづけ、モンゴル人によって滅ぼされる。

こののち、モンゴル人の統治する元の時代を経ねばならず、漢族の男たちはみずからの地位の低下に苦悶した。そんななか、男たちは纏足した女性にどうしようもない弱さを見て、相対的に苦悶を紛らわすこともできたのだ。

こうして中国大陸に纏足が定着していくほどに、纏足はひとつのステータスとなる。纏足は、女性が高貴な身分であることの証しとなっていたのだ。女性を労働力とするような家では、女性に纏足を施すことはむずかしい。纏足を施される女性は働かなくていいステータスをもっているわけで、おかげで高貴な家に嫁入りもできたのだ。じっさい、中国大陸にあっては、地域によっては下層民の纏足を禁じてもいる。

そんな具合だから、時代が下がるほどに、纏足しない女性は嘲笑の対象にもなる。彼女らは、「半載（半分）美人」とか「大脚仙」といわれてバカにもされていた。

新たな支配者も、纏足の風習は絶てなかった

中国大陸の住人たちが、いかに纏足を愛し、こだわりつづけていたかは、清帝国の時代に見てとれる。

清は満洲人たちの支配する国であり、中国大陸の漢族とは異なる文化を有していた。彼らには纏足の習慣もなかった。十七世紀、彼らが中国大陸を制覇したとき、中国大陸での纏足の広がりを知り、これを嫌った。清の皇帝たちは纏足を不健康、不衛生なものと見なし、禁止したのだ。

とくに纏足禁止に熱心だったのは、康熙帝である。ストイックな康熙帝は、中国大陸から纏足を一掃しようと、禁止令を出した。けれども、中国大陸から纏足の習慣がなくなることはなかった。康熙帝もついに折れ、禁止を撤回している。

清の皇帝たちは、漢族の男たちに弁髪を強いた。弁髪とは、頭髪の一部を残して、あとはすべて剃り、残った頭髪を編んで、背中に垂らすという髪形だ。満洲人やモ

清代に描かれた芸人たち。皆、弁髪にしている

ンゴル人はこの髪形であり、満洲人である清の皇帝たちは、漢族の男たちにも弁髪を強制した。弁髪を拒否する者は、首を斬（き）られた。つまり、髪がなくなるのを選ぶか、首がなくなるのかを迫った。

中国の男たちは屈辱に思いながらも、弁髪を選んだ。清の皇帝はこれほどの独裁者なのだが、その独裁者をもってしても、纏足の風習は絶てなかった。それほどに、中国の男女は纏足を愛したのだ。

中国大陸にあって、纏足に縁の薄かった漢族の集団もいる。客家（ハッカ）の女性たちは、纏足をしないことが多かった。

客家は、漢族でありながらも、漢族とは異なる独得の習俗を有してまとまっている。中華人民共和国の毛沢東に次ぐ事実上の第二代最高指導者であった鄧小平(とうしょうへい)も、客家の出身である。その昔、客家の女性たちにも纏足する者があったという話もあるが、しだいに纏足をしなくなったという。

客家の女性が纏足をしなかったのは、さまざまな理由からのようだ。ひとつには、客家の女性が勤勉であったからだ。彼女たちが男なみに働かねばならないなら、小足ではいられない。

あるいは、客家がたびたび大移動をしてきたことに起因するという見方もある。長い距離を歩かねばならないのだから、客家の女性は纏足などしていられなかったのだ。

また、客家は漢族以外と接することが多々あり、漢族以外の文化を知っていた。そのため、纏足を相対化できたという説もある。

纏足完成までに女性が味わった地獄の苦しみとは

中国では纏足は女性のステータスになるが、その過程には大きな苦痛をともなった。なにしろ、まともに歩けるはずの足に、強制的にまともに歩けないほどに改造を加えるのだ。

纏足を施すのは、早い場合、四～五歳のときからはじまる。遅くとも、七～八歳くらいまでには纏足が施された。

纏足では、まず足の指を布で縛る。親指以外の四本の指を足の裏側に向けて曲げ、白い木綿（もめん）の布でくる。このとき、四本の指がすべて足の裏にくっつくようにしなければならない。

纏足を施された女性は、つねに纏脚布を小足に巻きつけておかなくてはならなかった。纏脚布はきつく縛っておかなくてはならず、ときには糸で縫い合わせることもあった。

こうして纏足が形になっていくと、縛り方を強めて、形を整えていく。纏足のハウツー書には、「十一歳以前は細く小さいことを求め、十二歳以降は弓のように曲がることを求める」とある。足をさらに弓のように曲げ、土踏まずをくぼませると同時に、足の甲を隆起（りゅうき）させる。纏足が完成すると、女性は親指だけを使って歩くことができるようになる。

纏足の完成までは、激痛の連続である。強引に足指を曲げるため、足指が骨折してしまうこともあった。さらに、出血し、化膿していくこともよくあった。化膿を放置するなら、肉や皮が腐っていきもする。

残酷なことに、纏足のハウツー書には、「腐らさなければ小さくならず、腐らせれば腐らせるほどいい」ともある。そのため、纏脚布に瓦礫(がれき)を入れて足を傷つけることもあったし、傷口に虱(しらみ)を入れることもあった。こうして足指が腐っていき、足指を失うことさえあったのだ。

纏足のために、死ぬ女性は一割から二割ほどもあったというから、大きなリスクさえもともなっていた。そうでなくとも、女性たちは纏足によって痙攣(けいれん)に襲われ、苦痛に呻(うめ)いていたのだ。

纏足には、家人の多大な労力が要る。それも、何年にもわたっての労力だ。しかも、少女は苦痛の日に耐えつづけねばならない。それほどの激痛と労苦があっても、なお纏足する女性は絶えなかったのだ。

また、纏足女性は日常生活にも何かと苦労する。歩行がむずかしくなっているから、隣の部屋に行くにも苦労する。

足を入念に洗うのも、纏足女性の仕事である。足を布で縛って生活していると、不潔になりやすい。臭いも漂いやすくなるし、血流も悪くなる。そのため、就寝前によく足を洗わねばならなかった。

なぜ、女性たちは自分の足を隠すことに執着した？

纏足女性がもっとも恐れたこと。それは、「ナマ小足」を男に見られることであった。それは、裸体を見られることよりも、もっと恥ずかしいことであったと思われる。

纏足女性にとって、小足は女性器と同じようなもので、彼女らは小足をみずからの宝物のようにみなしていた。小足はもっとも秘密にしなければならない部位であり、ナマ小足は、夫にのみ見せていいものであった。

それればかりか、弓鞋を履いていても、弓鞋を着物でできるだけ隠そうとしていた。それほどに、彼女たちは纏足を意識し、大切にしていた。

纏足女性が小足を隠すほどに、それは男たちの性的妄想をかきたてもした。男たちは女性の小足、しかもナマ小足を見たいと思い、妄想していくほどに、纏足に傾倒していくことにもなったのだ。

なかには、纏足女性の弓鞋を盗もうとする男さえあった。現代でいえば、「下着ドロボー」のようなものだ。

春宮画でさえも、纏足女性のナマ小足は描かれていない。男女が全裸で交わっている画であっても、女性は弓鞋をつけているか、足に布を巻いているかである。着衣の情交では、纏足部位が隠れていることもある。

そんなわけだから、纏足女性が足を洗うときは、夫以外の男たちに見られないよう、格別に用心をしなければならなかった。部屋の戸をきっちりと閉め、夜であれば、灯りもつけないまま洗っていたという。

纏足を施された女性たち

それほどに隠しているから、夫となった男にとって、ほかの男たちは見ることのできない妻のナマ小足を愛でる愉しみは格別であったのだ。この世で唯一、妻の秘密を知っているという高揚が、なお男を纏足にのめりこませたのだ。

清代に流行した美女コンテスト「賽脚会」とは

すでに述べたように、纏足女性はみずからのナマ小足は夫以外に見せてはならないのだが、例外もあった。纏足美人コンテスト「賽脚会」が開催されたときだ。「賽脚会」は、「小脚会」ともいい、中国各地で行なわれた。有名なのは、明の時代、現在の山西省の大同ではじまった賽脚会である。

賽脚会には、小足に自信のある女性たちが集まる。まずは予選があり、本選では予選を勝ち抜いた女性たちが一か所に集まる。

賽脚会で纏足女性たちが公開するのは、その小足のみである。その小足の美しさのみが、評価の対象になる。女性の上半身は隠され、それでも容貌をひと目見ようという男たちは追放された。女性の容貌までもがわかってしまうと、あとあと女性を襲おうとする男が現れる恐れがあり、これを予防するためだ。

賽脚会では、品評によって小足のランキングが決まる。もっとも美しい小足には「王」の称号が贈られ、次点は「覇」、三位は「后」となる。

選ばれた女性が高揚するのはもちろん、彼女の家族たちも、これをこのうえない栄誉とした。

満洲人にもファッションとして受け入れられた纏足

中国大陸で纏足に夢中になったのは、ほとんどが漢族である。漢族以外の多くの者は纏足に冷淡であったが、十九世紀になって、漢族以外で新たに纏足をはじめる者たちがあった。ほかならぬ統治者である満洲人の女性たちである。

十七世紀、満洲族が中国大陸を制したとき、彼らは纏足には冷淡であった。そればかりか、歴代皇帝たちは纏足を禁じてもきたが、十九世紀にもなると、彼らは様変わりしていった。

彼らは、およそ二百年も中国大陸にあった。おかげで、満洲人としてのアイデンティティを見失い、漢族の文化に魅了されるようになったのだ。

十八世紀、およそ六十年間統治してきた乾隆（けんりゅう）帝は、後宮（こうきゅう）に漢族の女性も入れていたようだ。後宮に入った漢族の女性は纏足をしていたから、乾隆帝はどこかで纏足に興味を感じはじめていたと思われる。乾隆帝は、纏足を禁じてきた皇帝であるが、その彼も内々では纏足という性文化を否定できなくなっていたのだ。

十九世紀になると、「満洲八旗（はっき）」といわれる満洲人の支配層も娘に纏足を施すようにもなった。

それは、自分の娘たちをハーレムに入れないようにするためである。満洲人の皇帝たちは、漢族の纏足をしかたなく黙認してきたが、後宮に入る満洲人女性の纏足を禁じてきた。つまり、纏足の者は後宮に入れない。

それを逆手（さかて）にとって、満洲八旗の者らは娘を皇帝の慰（なぐさ）みものにしたくないばかりに、娘たちを纏足にしたのだ。このあたりから、満洲人も纏足への抵抗が薄れる。十九世紀も後半になると、満洲人の女性が積極的に纏足をはじめる。彼女らにとって、纏足はひとつのファッションであった。

ただ、満洲人女性の纏足はいい加減であった。彼女たちの纏足は即席であり、完全な小足にはほど遠かった。

漢族の女性が五歳から八歳あたりで、親に強制されて纏足するのに対して、満洲人の女性たちは十五歳や十六歳から自主的に纏足をはじめる。漢族の纏足の完成が何年も要するのにくらべ、満洲人の即席纏足はだいたい一か月で完成した。彼女たちの完成した小足は五寸程度であり、漢族女性の理想としてきた三寸よりもずっと大きかったのだ。

満洲人女性たちの纏足は「刀条児」と呼ばれた。小足が細長く、鋭い刃のようであったところから、この名がついた。たしかに「刀条児」にするにも苦痛をともなったが、漢族の纏足ほどではない。だから、満洲人女性たちは、みずからが進んで纏足にできたのだ。

その苦痛はさほどでないから、理想的な小足からはほど遠い。漢族から見ればじつに不格好な小足でしかないが、それでも満洲人女性は小足ファッションに満足していたようだ。

纏足は、どんな経緯で廃れていった？

十九世紀、満洲人たちが少しずつ纏足に興味をもちはじめた時代、じつは漢族のなかから纏足反対運動が起きはじめている。

早くに纏足反対の叫びをあげたのは、李汝珍という小説家だ。彼はその小説『鏡花縁』で、男が纏足にされ、それがいかに激しい苦痛をともなうかを描いている。彼は、男たちに纏足女性の苦痛を理解してもらいたかったのだ。

十九世紀、清帝国内で起きた纏足反対運動は「天足運動」とも呼ばれる。「天足」

とは天然の足であり、つまりふつうの足のほうが纏足よりも尊いと説いたのである。
漢族のあいだで「天足運動」が盛り上がりはじめたのは、中国大陸をめぐる情勢の変化を受けてである。一八四〇年代、清がアヘン戦争に敗れてのち、中国を訪れる西洋人が多くなった。

いっぽう、欧米世界に出かける中国人も現れはじめた。こうした過程で、中国の住人は、はじめてみずからを相対化するようになったのだ。

中国大陸の住人が、己(おのれ)たちの世界で完結しているかぎり、纏足に対する疑問をさほど抱くことはなかった。纏足しないほかの民族をほとんど知らないのだから、纏足は当たり前でもあった。

けれども、新たに交流をはじめた欧米人は纏足をしない。そればかりか、ひそかに纏足に対して好奇の目を注いでいることに、中国の住人も勘づきはじめた。中国のインテリ層は、纏足は恥ずかしいことではないかと考えるようになったのだ。

さらに十九世紀末、漢族の信奉(しんぽう)する「中華」がぐらつきはじめる。アヘン戦争、そして第二次アヘン戦争(アロー号戦争)、清仏戦争に連敗していくと、「中華」は動揺する。

西太后(せいたいこう)の時代の一八九五年、今度は小国と侮(あなど)っていた日本に屈する。たび重なる敗北によって、中国のインテリたちは、中華的な世界観の行き詰まりを悟り、西洋を模範とした本格的な近代化の模索をはじめる。彼らは纏足がある限り中国の近代化は不可能のように考え、天足運動をはじめたのだ。

先に述べたように、天足運動が盛り上がった西太后の時代、満洲人女性のあいだでは纏足がブームにもなっている。かつては纏足を否定した満洲人のほうが纏足にハマりはじめ、纏足に耽溺してきた漢族が纏足を否定するという、これまでにないねじれが生まれていたのだ。

二十世紀、清帝国が消滅し、中華民国が誕生すると、天足運動は都市部を中心にさらに盛り上がる。

それでも、すぐには纏足の風習は風化しなかった。都市部や沿岸部では纏足はしだいに消滅していったが、農村部、内陸部では情報も行きわたらず、纏足はすぐに消えたわけではない。

纏足は、日中戦争、国共内戦、毛沢東（もうたくとう）による中華人民共和国の成立という動乱を経て、ようやく消滅に向かっていった。共産党政権の功績のひとつを挙げるとするなら、纏足の根絶かもしれない。

毛沢東の夫人・江青も、じつは纏足の経験があった?!

纏足を根絶した中国共産党だが、じつは内部の奥深くに纏足の残滓はあった。国家主席だった劉少奇の子・劉源によるなら、毛沢東夫人・江青は「解放脚（開放足）」だったのではないかという。「解放脚」とは、纏足を途中でやめた足のことだ。

著述家の譚璐美は、劉源の母・王光美に直接インタビューし、『江青に妬まれた女 ファーストレディ王光美の人生』（NHK出版）を上梓している。この本のなかで、インタビューに居合わせた劉源も江青について語っている。

王光美や劉源の話によれば、毛沢東はプールをひじょうに好み、彼らもそこに居合わせた。江青はといえば、毛沢東とともにプールを愉しむことなく、もっぱらプールサイドにいるだけだった。

そうしたなか、劉源は、江青がプールを犬掻きで泳ぐ姿を見たことを語っている。このとき、彼女は水泳用の白いソックスを履いていたという。おそらくは、解放脚を隠すためのものではなかったかというのだ。

江青は一九一四年、山東省で妾の子として生まれている。山東は纏足の風習が強く残った土地であり、江青も少女時代に纏足を施されたらしい。けれども、時代の影響からか、あるいは江青の勝気な気性からか、一年足らずで纏足を辞めてしまう。けれども、折り曲げた四本の足指が元に戻らないままであり、江青の足は「解放脚」になってしまった。

後述するように、江青は嫉妬心、復讐心の強い女であり、文化大革命下、多くの男女を惨禍に巻きこんだ。王光美もその犠牲者となるのだが、江青の嫉妬心や復讐心の強さは、解放脚の女であるという彼女の後ろめたさから来るものだったのかもしれない。

また、毛沢東が江青に魅了され、結婚までに至ったのは、解放脚に魅せられてのことではないかという想像までは可能だろう。地主の息子である毛沢東は、古い中国を憎んだ人物だが、じつのところ彼のなかにも古い中国への耽溺が残っていたとも考えられるのだ。

ちなみに、江青の解放脚を語った劉源は、現代の中国共産党には珍しいほどの剛直の士であり、父・劉少奇の遺志を継承しようとしている。

㊆ 悦楽に耽る権力者、性を愉しめない民

「太平天国の乱」は、男性優位の世を破壊するためだった

十九世紀、中国の性文化は激動をはじめるようになる。中国大陸に欧米文化が流入してきたからだ。

それまで、中国大陸の男女は、中国以外の性文化、男女のあり方にほとんど関心がなかった。国外から、まったく別の性文化が強烈な勢いで流入してくることがなかったからだ。

けれども、清朝がアヘン戦争で屈してのち、中国大陸には欧米の宣教師たちがやって来るようになった。さらに欧米の商人や男女もやって来た。そこから、中国大

陸の住人はキリスト教にもとづいた欧米の文化、さらに性文化を知るようになる。欧米人の男女は、人前で平気でキスをする。これだけでも、中国大陸の住人にとっては驚きだったと思われる。さらに欧米人は、形のうえではレディファーストを心がけ、女性に対して紳士的に接する。その欧米の有する軍事力の前に、清朝は連敗つづきだったから、欧米の性文化は中国大陸の住人に一定の影響力をもちはじめたのだ。

十九世紀の中国大陸で、男女の文化を改めようとしたのは、洪秀全（こうしゅうぜん）率（ひき）いる太平天国（たいへいてんごく）である。洪秀全は、客家（ハッカ）の出身である。彼は何度も科挙（かきょ）に落第してきた反動で、儒教社会に恨みを抱くようになったと思われる。彼は中国に流入してきたキリスト教の影響を受け、宗教結社「拝上帝会（はいじょうていかい）」を結成する。

洪秀全は多くの信徒を集めてのち、一八五一年に蜂起（ほうき）し、太平天国の建国を宣言した。太平天国には多くの者が集まり、清朝の軍を連破、南京（なんきん）を占領した。太平天国は、一時は清朝にとって代わるほどの勢いを示した。

太平天国に多くの者たちが集結したのは、洪秀全の唱える理想が魅力的であったからだ。彼は平等なユートピア社会を理想とし、古い中国と訣別（けつべつ）しようとした。まず彼は、清の皇帝たちが押しつけてきた弁髪（べんぱつ）を否定した。

洪秀全は、男女の性のあり方でも、古い中国を破壊しようとした。洪秀全は男女に平等に土地を与えるとし、完全に男性優位にあった中国を否定しようとした。また、一夫一婦制を主張し、中国伝統の多妻的なあり方も否定しようとした。さらに妓女を禁じ、妓女の家族は皆殺しにするとまで脅した。

そして、洪秀全は男女の隔離を徹底しようとした。男女の淫らな関係を嫌ったからだ。キリスト教では姦淫を罪とする。キリスト教に強く影響を受けた洪秀全も姦淫を罪とみなし、予防しようとしたのだ。太平天国では、たとえ夫婦、親子であれ、男女を別々に隔離しようとした。

洪秀全は、太平天国による結婚の管理をめざした。これまでの結納金や持参金といった風習を否定し、国家が男女の結婚費用を負担するようにした。仲人も、太平天国の役人がすればそれでよしとし、中国の古い社会体制から離脱しようとした。

ほかに、洪秀全は女性の登用にも着眼している。男女の平等を考えるなら、才能ある女性を家庭に押しこめていいはずがない。彼は「女科」という、女性のための科挙までも用意し、力量のある女性を国政に参加させようともしていた。

さらには、纏足の禁止にも手をつけている。そこには、洪秀全が客家出身という理由もあった。すでに述べたように、中国にあって客家の女性だけは纏足をしない。

洪秀全に影響を与えたキリスト教徒らも纏足をしない。洪秀全は、纏足を禁止することで女性を解放しようともしていたのだ。

「女性のみの軍隊」を組織した洪秀全の思惑とは

太平天国の頭目（とうもく）である洪秀全は、画期的なことに、女性のみの軍隊「女営」を組織している。すべての兵士は女性からなり、指揮官も女性であった。

この「女営」が、じっさいに機能していたようだ。ほとんどが客家の女性からなる軍隊であり、彼女たちはもともと纏足をしていないから、裸足でも男なみに石ころ道を歩いた。「女営」の兵士は、勇敢であったという。

「女営」は客家出身の洪秀全ならではの発想であり、纏足女性では絶対にできない機動性があった。この一点でも、纏足の害、時代遅れは明らかであった。と同時に「女営」は新たなる未来を予告もしていた。

おそらく、「女営」は世界でもっとも古い女性兵士集団のひとつであったと思われる。古代から世界各地で女性の義勇兵はあったと思われるが、国家たらんとする組織が積極的に女性兵士を起用していたかというと、そうした例はほとんどない。

十九世紀まで、世界のいずこでも、戦争は男の仕事であるという通念があった。女性は「戦士」になれないと思われてきた。

洪秀全の太平天国は、そこに風穴を開けたのである。男女を平等とし、女性にも能力があるとするなら、女性も兵士になれるのだ。

これまで、中国はことさらに女性を見下し、女性を家に押しこめてきた。纏足によって、まともに歩けないようにさえもしていた。それが西洋思想の流入によって一転し、当時の欧米人でも思いつきそうにない「女性軍」を太平天国は組織していたのである。

女性兵士の発想は、その後の近代中国に継承されてもいる。一九二〇年代、国民党の蔣介石もまた女性兵士を起用したし、その後、中国共産党も女性を兵士化する。同時代のアメリカや日本では考えられない、女性の起用がはじまろうとしていたのだ。

太平天国は中国の性文化を変えるかにも思われたが、挫折する。太平天国の幹部たちが、しだいに性に溺れはじめたからだ。幹部たちは多くの妾をもち、洪秀全にしてからが、後宮に三十六人の妃を有していた。

結局のところ、淫欲を敵とみなした洪秀全も淫欲には勝てず、初期の理想とはかけ離れていった。洪秀全が伝統的な中華皇帝のように変質していくと、太平天国の勢いも止まり、ついには滅亡している。

清の末期に絶対権力を握った西太后の毀誉褒貶

十九世紀末、清帝国の衰微が止まらないなか、清朝で独裁的な地位を得たのが、西太后である。西太后が強大な力を得たのは、同治帝の生母になったところからはじまる。

西太后は、もともと満洲人の下級官僚の娘であった。彼女は中国の古典に通じ、利発であった。彼女は咸豊帝のハーレムにあり、側室のひとりにすぎなかったが、男児を出産することで力を得る。咸豊帝と皇后とのあいだに子がなかったので、咸豊帝逝去ののち、咸豊帝と西太后の子が同治帝として皇帝に即位した。

同治帝は、一八六一年の即位当時まだ五歳である。清に国難の多発するなか、西太后は宮廷対立のなかを巧みに泳ぎ、実権を握った。

一八七五年、今度は同治帝が若くして没する。彼にもまた男子がなかった。西太后は反対を押し切り、甥の光緒帝の擁立に成功する。光緒帝はまだ四歳であったから、また西太后は実権を握り、彼女の時代がつづいた。この時代、日清戦争が起き、清が小国・日本に屈するという想定外の事件もあった。

西太后は、女の魅力でのしあがったタイプではなく、皇帝の生母となったことを利用し、みずからの才知、権力欲によって力を得た女性だ。彼女が後世、悪しざまに言われるのは、清帝国の改革を妨害したからだろう。

一八九八年、光緒帝はみずからの親政を決意、政治改革に乗り出す。これは「戊戌の変法」と呼ばれる。光緒帝に影響を与えていたのは、康有為や梁啓超ら改革を志向する知識人である。光緒帝は彼らを起用して科挙を廃止し、新たに大学をつくるなど抜本的な改革に乗り出す。

これに反発した守旧派は、西太后のもとに結束する。彼女は軍の実力者・袁世凱と結びつき、クーデターを起こす。光緒帝は西太后によって幽閉され、康有為、梁啓超らは日本に亡命した。これが、戊戌の政変である。

西太后は、思うようにならない光緒帝を憎んだ。それは、すでに述べたように光緒帝が彼女の病気に対して何もしなかったことへの意趣返しともされるが、光緒帝は光のない真っ暗な部屋のなかに閉じこめられた。

さらに刑罰として、ときどき西太后の宮殿に連行され、ここで西太后の前にひれ

宦官に担がれた神輿に乗る西太后

伏さねばならなかった。こうして、光緒帝は衰弱し、没していった。清朝に起きていた近代化への改革の芽は西太后によって摘まれた形となり、西太后の死後まもなくして、清帝国は消滅していった。

ただ、西太后には別の見方もある。じつのところ、光緒帝の改革を葬った戊戌の政変ののち、西太后の清朝は、近代化への道を歩んでもいる。それは時代の趨勢のなせる業であり、西太后は嫌々ながらも、光緒帝のめざした道を歩まねばならなかったのだ。そこから西太后には、近代化への改革者という評価もある。

欧米人は、西太后に一定の評価をせざるをえなかったようだ。女性の社会進出がまだ弱い十九世紀にあって、西太后は大国の実権を数十年も握りつづけていた。女権拡張論者からすれば、西太后は評価しなければならなかったのだ。

西太后の時代、知識人たちが夢見ていたユートピアとは

十九世紀後半から二十世紀初頭にかけて、西太后が清朝に隠然たる力を有していた時代、中国大陸では男女の性意識の変化が生まれはじめていた。とりわけ、近代化の改革をめざす者たちのあいだに、そうした変化があった。

中国のインテリたちが中国の立ち遅れに気づきはじめたとき、彼らが見たのは男女の不平等であった。この時代の欧米では、建前はレディファーストである。女性は、貴婦人のごとく大切にされる。それは、中国大陸にはない文化であった。

すでに述べたように、中国大陸にあっては、女性は男の所有物のようなものであった。

たしかに恐妻家はいても、女性は纏足を施され、家に押しこめられているのが現実であった。ほとんど奴隷同然の女性もあった。中国の女性は男たちによって恐ろしいまでに不自由にされていて、それが中国の後れにもつながっていると知識人た

ちは考えるようになったのだ。

光緒帝による戊戌の変法を支えようとした康有為も、そのひとりである。彼は中国の女性に同情し、女性の解放を考えた。

彼は、過激なユートピアさえも夢見ていた。彼は中国特有の宗族はおろか、家庭までも否定した。中国では、家庭こそが女性を不自由な隷属に押しこめる装置だとみなしたのである。

康有為は、男女は「交好の約」を交わして結ばれ、それは一年以下の契約で十分とした。もしふたりがそれ以上も一緒にいたいのなら、あらためて契約を交わせばいい。この男女のあり方なら、女性は男に隷属せずに済む。出産や育児にかんしては、国家がそのためのシステムを設ければいいとも考えた。康有為の説くような女性解放はすぐには中国では進まなかったものの、知識人ほど女性の地位を憂えてもいたのだ。

また、康有為の説いたユートピアにかんしては、その後、中国共産党の毛沢東に影響を及ぼしたようだ。毛沢東が大躍進運動を推し進めたとき、彼は農村に人民公社をつくる。人民公社は自給自足の組織であり、それは宗族を完全否定し、家族さえも解体に向かわせるものであった。

西太后の遺骸は本当に「屍姦」されたのか？

一九〇八年、西太后は没する。彼女の亡骸の口には、黒い大粒の珠が入れられ、埋葬される。黒い珠のシーンは、ベルナルド・ベルトリッチ監督の映画『ラストエンペラー』でも描写されるところだ。

ただ、西太后の遺骸はその後、受難に遭う。それから二十年のち、一九二八年に蒋介石率いる国民党軍が北京に入城したときだ。国民党の兵士らは、西太后の墓を暴き、凌辱を加えている。一説には、兵士は西太后の遺骸に対して「屍姦」まで行なったという。

西太后の遺骸が本当に強姦されたかどうかは不明だが、中国大陸には「屍姦」の伝統があるように語られてきた。たとえば、王莽による新の末期、赤眉の乱に加わった兵士らは、漢の武帝の皇后の墓を暴き、皇后の遺骸を汚辱したという。

あるいは、唐の時代、玄宗に愛された華妃の遺骸は長安に埋められていたが、盗賊たちはひそかに彼女の棺を開けることに成功した。華妃の遺骸は、いまだみずみずしく、生きているようだったので、盗賊たちは凌辱したという。

こうした「屍姦」話がどこまで本当かわからないが、中国では権力者の墓が暴かれ、侮辱されることは多々あった。秦の始皇帝の墓さえも暴かれたし、ときには遺骸が鞭(むち)打たれることもある。

中国には死者を辱(はずかし)める文化があり、その延長線上で「屍姦」があったようにも語られてきたのではないか。「屍姦したこと」を語るなら、それはその女性に対する最大級の侮辱となる。西太后には、それほどの悪い噂が残りつづけたのだ。

また、西太后の遺骸の口にあった黒い珠は、兵士らに奪い取られている。黒い珠はその後、蔣介石から彼の夫人・宋美齢(そうびれい)の手許(てもと)に渡ったと伝えられる。

中国女性の変貌を世界に告げた「宋家の三姉妹」

西太妃の口に含ませてあった黒い珠を手にした宋美齢は、「宋家の三姉妹」で知られる。長女は宋靄齢(あいれい)、次女が宋慶齢(けいれい)、三女が宋美齢となる。

彼女たちは、二十世紀前後に生まれ、父がビジネスで成功したこともあり、アメリカの大学で教育を受けてきた。その意味で、彼女たちは古い中国とは無縁であり、実家が裕福なこともあって、大胆でいられた。二十世紀前半の中国にあって、彼女

宋家の三姉妹

たちは新しい時代のリーダーのように振る舞い、彼女らの生き方が中国の新時代を物語りもする。

長女である宋藹齢は財閥の御曹司・孔祥熙と、次女である宋慶齢は孫文と、三女である宋美齢は蒋介石と結婚している。宋藹齢はカネと、宋慶齢は権力と、そして宋美齢は国家と結婚したともいわれる。

彼女たちは愛国者でもあった。二十世紀前半に日中対立が激化し、ついに日中戦争がはじまると、彼女たちは日本を打倒するため、カネを使えば、才知も駆使した。とくに宋美齢の働きは、日本の命運を決めたともいえる。彼女はアメリカに渡り、ロビー活動を展開、日本の非道と中国の正義を訴えた。

それは、色仕掛けにも近かった。宋美齢はチャイナドレスを身にまとい、アメリカ人を惹きつけた。宋美齢は英語に巧みであり、彼女の弁説はアメリカの議員たちの目を惹きつけた。アメリカの政治家たちは反日に傾き、アメリカは非道の日本を掣肘するために、対日戦を決意するようになる。

中国には、「夷をもって夷を討つ」という思想がある。共産党の毛沢東もこの思想からアメリカの対日戦を願っていたが、宋美齢もこの思想にのっとり、夷狄であるアメリカを味方に引き寄せて、夷狄・日本の打倒を図っていたのだ。

たしかに宋家の三姉妹は、あまりに裕福であり、特別な存在であるかもしれない。けれども、中国大陸に古い中国とは訣別したかのような新しいエネルギッシュなタイプの女性が、登場しようとしていたのだ。

中国では纏足が消滅の方向に向かい、家の外に出る女性が現れはじめた。女性の社会進出もはじまり、男たちの社会もこれを受け入れようとしていた。一九一九年には、北京大学が女子大学生の受け入れをはじめ、多くの才媛たちがここをめざすようになった。

そこから先、中国では男女共学が進んでいく。かつて兄妹、姉弟でさえ早くに分ける教育がなされてきた中国だが、一変したのである。

そうした時代のなかから生まれてきた新しい女性のひとりが、中国共産党の国家主席だった劉少奇夫人の王光美だろう。彼女は一九二一年に生まれ、彼女の父は日本に留学経験もあった。王光美は一九三九年から一九四五年にかけて、北京のミッ

ションスクール輔仁大学でドイツ人教授から原子物理学を学んでいる。彼女は、このの
ち劉少奇と出会っている。

近代化が進むなか、外に出るようになった女性は、好んで髪を短く整え、チャイナドレスを着るようになった。チャイナドレスはじつのところ漢族の否定した満洲人の服装であったが、漢族の若い女性たちはこれを中国の伝統ファッションと思いこんでいたようだ。チャイナドレスは、やがては国民党の女性の礼服のような扱いにもなる。

一九二五年、蔣介石率いる国民党は広東（かんとん）国民政府を樹立する。当時、中国大陸には軍閥が跋扈（ばっこ）していた。蔣介石は軍閥を掃討し、中国の統一を進めようとした。と同時に、国民政府は男女が同権であることをうたっている。女性も離婚できるともしたのだ。

国民党の軍には、女性の兵士の姿もあった。すでに十九世紀、太平天国では女性の兵士を起用していた。国民党は太平天国のあり方を継承し、女性兵士を採用し、血気（けっき）さかんな女性たちは軍隊入りを希望さえもしていた。

ただ、先進的であった宋家の三姉妹も、二十世紀後半には歴史から置き去りにされる。とくに蔣介石夫人であった宋美齢の場合、台湾が李登輝（りとうき）のもと民主化に向け

て動いていくと、民主化の障害にもなった。

彼女は、権力欲が強すぎた。台湾では、宋美齢は「最悪の女性」「厄介者」扱いされるようになった。その後、宋美齢は台湾を離れ、二〇〇三年にアメリカで生涯を終えている。

自由に恋愛することで「古い中国」の克服を図った知識人たち

二十世紀初頭の中国に流入していたのは、欧米の自由思想である。日本留学の経験のある陳独秀（ちんどくしゅう）は、雑誌『新青年（青年雑誌）』を発刊し、進取（しんしゅ）の気風のある若者を魅了した。『新青年』は若者にとってまたとない意見の発表の場になり、中国の近代化のひとつのエンジンとなっていた。

中国に流入していた自由思想のなかには、自由恋愛の思想もあった。中国大陸の男女は、これにも魅了された。

中国の知識層は、自由恋愛こそ自由な人間の確立に必要であり、古い中国を克服できるものとみなした。中国の知識人は、自由恋愛を礼賛（らいさん）し、かつ実践してきた。これまで中国では離婚はむずかしかったが、知識人にとって離婚も自由であった。

知識人たちは、ひとりの女性だけでは満足できず、複数の女性と愛を交わしてもいた。彼らは、複雑な女性関係を愉しみ、これに悩みもした。白話小説（口語による小説）を提唱した北京大学の教授・胡適には四人の愛人があった。宋家の三姉妹のひとりである宋慶齢と結婚した孫文にも多くの愛人があり、そのなかには日本人の愛人もあった。

中国の知識人たちは自由恋愛を謳歌していたのだが、その内実はかつての士大夫と変わらなかったのではないかという見方もある。十九世紀まで、士大夫たちも性を謳歌し、妓楼で妓女と遊び、少年愛も愉しんでいた。彼らのあり方は、二十世紀の知識人と変わらない。

いっぽう、二十世紀にあって、中国の女性が男たちのように複数の愛人と戯れることができたかどうか。一九三〇年代から一九四〇年代にかけての毛沢東の行状を見れば、それがよくわかる。

毛沢東には複数の女性と関係をもつことが許されても、毛沢東の選んだ女性たちは毛沢東ひとすじであらねばならなかった。中国の男女は自由恋愛をうたいながらも、そこにまだ男女の不平等が残っていたのである。

なぜ、中国のリーダーは地味な服を着るようになった？

二十世紀前半、中国大陸では女性の意識に変化が訪れ、女性の社会進出がはじまっていた。そのいっぽう、男はどうだったかといえば、奇妙な変化が起きていた。彼らは着飾ることを放棄しはじめたのだ。

その象徴が「中山服（ちゅうざんふく）」である。「中山服」とは、中国の人民服のルーツのようなものだ。立折襟でボタン付きの上衣と、スラックスでセットになっている。色はといえば、濃紺か黒かであり、全体的にひどく地味である。その地味な中山服が、孫文にはじまる中華民国の男子正装となる。リーダーとなった孫文や蔣介石は、中山服を好んだ。

それは、これまでにない大きな変化であり、中国の伝統を断絶させるようなものであった。歴代の中華皇帝たちは、派手な衣装でみずからを飾ってきた。ストイックな清の康熙（こうき）帝であっても、それなりの美しい軍装をまとった。士大夫らは、風雅な衣装を身に着けていた。そこに、中山服という質素な服が登場し、多くの男たちが着るようになったのだ。

中国における中山服の登場は、世界の趨勢を意識したものであろう。とくに、日本を意識したものではないかとよくいわれる。孫文は日本への留学中に、日本の黒い学生服の存在を知った。あるいは、日本陸軍の軍服に興味をもった。そこから、中山服を考えついたといわれる。ちなみに中山は孫文の号である。

その日本の学生服、軍服にしても、世界を意識したものだった。二十世紀前半、少なからぬ先進国は兵営国家化をはじめていた。第一次世界大戦が国家総力戦となってしまったとき、先進国は次なる戦争は、国民の多くを巻きこむ総力戦となろうと覚悟していた。そこから、兵営国家としての服装が求められていた。

しかも、ロシア革命が成立したことにより、マルクス・レーニン主義が急速に世界を席巻しはじめていた。

全体主義型の指導者たちは労働者の味方を象徴するべく、背広を捨て、質素な服を着はじめていた。イタリアのムッソリーニしかり、ソ連のスターリンしかり、ドイツのヒトラーしかりだ。中国の指導者たちも、これに倣ったのだ。孫文も蔣介石も、ソ連の影響を強く受けはじめたこともあり、労働者を意識した「中山服」に行き着いたのである。

それは、おしゃれの否定でもあった。中国大陸の住人は、長くおしゃれを重視してきた。男女の関係もおしゃれを大事にしてきたのだが、そのおしゃれな生き方を破壊しようというものであった。

孫文や蔣介石の時代は、まだましだったかもしれない。つづく毛沢東の時代、中国ではおしゃれが全面否定される。「中山服」は、毛沢東の時代を準備しつつあったのだ。

なぜ、二十世紀前半に中国の売春産業は巨大化した?

中国人の性意識に大きな変化が起きていた二十世紀前半、中国における女性の地位はかつてなく向上しようとしていた。自由恋愛も謳歌されるようになったが、そのいっぽう、中国の伝統である売春産業も巨大化していた。

十九世紀後半から二十世紀にかけて、中国大陸の売春産業が大規模化していたのは、諸外国から性風俗が流入してきたからでもある。十九世紀末、清帝国が日本に敗れてのち、ヨーロッパ列強による「中国分割」がはじまった。

イギリス、フランス、ロシア、ドイツなどは中国に租借(そしゃくち)地をつくり、中国大陸に勢力を拡大させようとした。このとき、外国の性風俗のスタイルも中国に流入したのだ。

とりわけ、性産業の巣窟となったのは、上海である。二十世紀前半、上海は「魔都」ともいわれた。上海には列強の租界が多く、ここに妓院が立ち並び、外国人の男たちは妓院で女性を求めた。コーヒーショップや遊技場も、売春の場と化しやすく、中国人女性たちが集まってきた。外国の男たちは、淫蕩の街・上海に酔いしれることになったのだ。

すでに、妓楼の女性たちも、モダン化しはじめていた。彼女たちは纏足をやめ、スレンダーな肉体から魅力を発散していた。

当時、日本の文化人のあいだでも、「魔都」上海はあこがれであった。この時代、吉原にはかつての繁栄はなく、日本では遊廓はともすれば日陰者扱いされてきた。それだけに、上海の魔性の輝きに魅せられていたのだ。

また、日本人は南京の遊廓街・秦淮にも魅せられていた。谷崎潤一郎や芥川龍之介らも足を運び、芥川はここでの体験をもとに『南京の基督』を著している。

上海や南京のみならず、ひところは満洲のハルビンも淫蕩の街として栄えた。ハルビンを都市化したのは、ロシア人たちである。

十九世紀末からロシアは満洲を侵食、一八九八年ころには「ロシア領」化されたも同然となっていた。ハルビンには中国人娼婦のみならず、ロシア人娼婦の姿もあり、さながら国際売春都市化もしていた。ただ、満洲の性産業は日露戦争でのロシアの敗北、ロシア革命の勃発(ぼっぱつ)などによって衰退していく。

このように、二十世紀前半、中国の売春産業は上海を中心に栄え、世界を魅了していた。近代化に悩む中国だが、世界最大の妓楼の国にもなっていたのだ。

ストイックな理念の裏で性欲に溺れていた毛沢東

一九三五年以降、毛沢東の中国共産党は辺境の地・延安(えんあん)にあった。共産党は蔣介石率いる国民党との内戦に敗れ、「長征」と呼ばれる大逃避行の末、延安に拠点を置いたのだ。

その後、毛沢東の延安時代は一九四七年まで十年以上もつづくが、延安は中国大陸で意識の高い若者らの希望の星となっていた。

若者らは延安を革命の聖地とみなし、延安をめざすようにもなっていた。当時、日中戦争がはじまり、蔣介石の中国軍は日本に屈しつづけていた。だからこそ、中国の若者は共産党に期待したのだ。

若者のなかには、女性たちの姿も少なくなかった、女性作家や女性芸術家、女性役者らも集まり、そのなかにのちに毛沢東の妻となる江青もいた。

延安は、のちの中国共産党の二面性を早くに物語っていた。たしかに、延安は理想の地であったかもしれない。延安の共産党はストイックにあろうとし、男女関係にも一定の縛りがあった。

革命家が革命のためにすべてを捧げるのなら、この世の欲望を捨てねばならない。男女のあいだの欲望とて、同じだ。紅軍（一九二七年に中国共産党が組織した軍隊「中国工農紅軍」の通称）にあって、夫婦となったにしても、夫婦が一緒にあり夫婦の営みができるのは、土曜日の夜のみと限られていた。

けれども、それは延安の一面でしかなかった。毛沢東はといえば、夜どおしの社交ダンスに興じていた。延安時代に毛沢東は社交ダンスを知り、終生、これにハマってしまったのだ。

多くの幹部たちも、毛沢東に従うかのようにダンスを愉しんでいた。彼らに言わせれば、ダンスは筋骨の鍛練のためであったが、じっさいにはダンス相手とベッドを共にすることが目的であった。延安には若い女性が多く集まってきたから、愉しみは尽きなかったのだ。

このありさまに憤慨（ふんがい）し、批判したのが、毛沢東にあこがれていた作家の丁玲（ていれい）であった。延安に集まった女性たちはいまだ真に解放されていないし、立ち上がってもいないと、彼女は指摘した。そして、延安では男権がはびこり、美しい女性の大部分は幹部の「花嫁」となり、玩具にされながら、美衣美食を享受（きょうじゅ）しているともぶちまけた。

もちろん、いまもそうであるように、共産党が幹部批判を許すはずがない。丁玲は延安を追放され、思想改造を受けている。その後、共産党に批判的と思われる者たちが探し出され、粛清（しゅくせい）もされている。

現代の中国共産党政権は、建前で性に厳格であろうとしている。そのいっぽう、幹部の淫蕩放埒（ほうらつ）を許しているところは、延安時代からはじまっているのだ。

ちなみに、共産党のなかの大立者である鄧小平（とうしょうへい）、劉少奇は、延安時代を土台にして結婚している。のちの国家主席である劉少奇はこの地で王光美と出会い、結婚している。

改革開放を推進した鄧小平もまた、この地で卓琳（たくりん）をパートナーとした。劉少奇も鄧小平も、終生、妻を愛した。王光美の場合は夫・劉少奇をよく補佐する政治的なパートナーでさえあった。

ただ、じつのところ、劉少奇の結婚は六度目であり、鄧小平は三度目であった。多くの離婚、別離体験を経て、彼らはようやく終生のパートナーを得ている。鄧小平の場合、二番目の妻は上官に寝取られている。劉少奇は、王光美と結ばれたとき五十歳を超えていた。そこから先、子をもうけているから、劉少奇の精力はかなりのものだろう。

なぜ、中国共産党政権は「セックスの快楽」を否定した？

一九四九年、毛沢東率いる中国共産党は、蔣介石の国民党との内戦を勝ち抜き、中華人民共和国の成立を宣言する。

以後、毛沢東の没する一九七六年まで、およそ四半世紀、中国は未曽有(みぞう)ともいえる「性の大暗黒時代」を経験する。毛沢東の共産党が、性に対してあまりに厳格だったからだ。

中国共産党政権は、男女の性を否定していた。性は快楽のためにあるのではなく、子孫の繁栄のためにあるとし、一夫一婦を大原則とした。

売春や妾はありえない話であり、根絶がめざされた。一九三〇年代、中国はおそらく世界最大の売春大国であり、妓楼の数も多かった。中国共産党はすべての妓楼を潰し、中国から売春産業を消滅させてしまったのだ。

共産党の中国では、文学からも性を追放する。キスでさえ、ありえないほどのおぞましい行為であり、キスシーンがあるだけで、その小説は発禁となった。文学に登場する女性は、さながら男のように厳格であり、革命ひとすじに描かれた。

中国共産党が男女の性を抑圧したのは、ひとつには彼らのなかに高邁な理想があったからだろう。革命を実現するためには、すべての欲望を捨てねばならない。毛沢東自身も、若いころから堕落、賭け事、金銭を否定していた。

革命家にとっては、セックスこそはブルジョア自由主義の象徴であり、セックスのにおいを社会から根絶したかった。性なき世界こそが、革命の達成された社会とみなしていたのである。

そこには、西洋思想と伝統中国の影響もあった。中国に流入した西洋思想の根幹には、キリスト教がある。キリスト教にあっては、性の愉しみを否定している。性は、ただ繁殖のためにあるものであった。

中国にあっても、古代から性は繁殖を第一義にしたものであり、西洋思想と古代以来の中国思想が、中国の革命家たちのなかで重なった。ゆえに中国の革命家たちは性を退(しりぞ)けようとし、これを一般民衆にも強要したのだ。

　中国共産党がいかに性を敵視していたかは、人民服の強制が象徴している。人民服は、中山服の延長線にある服だ。これに人民帽までをかぶり、欧米では毛沢東に象徴されるところから「マオ・スーツ」と呼ばれた（マオは毛の中国語読み）。

　人民共和国の成立当初、共産党政権は明るい色の服装を奨励(しょうれい)したようだが、しだいに地味な色の人民服強制が強まる。毛沢東による文化大革命が発動された一九六〇年代から一九七〇年代にかけて、中国では、男女が共に人民服を着た。公の場で、肌を見せることはあってはならないこととなった。アクセサリーを着けることはブルジョア的な行為として糾弾(きゅうだん)された。

　人民服は、ユニセックスの衣装である。遠目からは男女の区別はつきにくい。人民帽を外していても、女性はたいていおかっぱ頭を強制されているから、男女の区別はつきにくい。男女の性は、人民服によっても排除されていたのだ。

　人民服の強制は、おしゃれの排除、つまり誘惑の排除であった。中国共産党は、人民服を強制することで、中国の男女から淫蕩なる性を排除しようとしていたともいえる。

　文化大革命の時代、都市の若者には革命闘争しかなく、革命闘争以外に関心をもつなら吊るし上げの対象ともなった。

この性の暗黒時代下、中国大陸では処女への強いこだわりが復活する。宋代以降、中国では女性の貞節が重んじられ、処女のまま結婚するのが「常識」であった。二十世紀前半、欧米の自由恋愛思想の流入によって、いったん貞節の重視は廃(すた)れたかに見えたが、共産党政権は繁殖以外の性を封じにかかった。

そのため、古い貞節信仰が復活し、共産党政権下、男は結婚する相手が処女であるかないかにひどく神経質になっていったのだ。

毛沢東が農村の男性から熱烈に支持された理由とは

中国に性の暗黒時代をもたらした毛沢東は、文化大革命によって中国の国土を荒廃にも追いこんでいる。

それでもなお、中国における毛沢東の評価は高い。生前はカリスマでありつづけ、没後も完全否定まではされていない。現在の最高指導者である習近平(しゅうきんぺい)は、毛沢東思想をふたたび奨励し、第二の毛沢東たらんともしている。

中国で毛沢東の評判がいまなお悪くないのは、彼の男女政策にあるだろう。彼は、中国の多くの男たちに妻を用意しようとしたからだ。

それまで、中国大陸にあっては、女性の寡占文化があった。皇帝たちは巨大なハーレムをもち、ここに全国から美女を集めた。実力者、商人たちも多くの女性を囲い、士大夫たちもこれに倣った。

権力のある者、富める者の周囲に多くの美女が集められたため、貧しい農民に嫁はそうそうなかった。農家の次男、三男にも、どれだけ嫁があったかどうか。

すでに述べたように、男児重視主義の中国大陸では、女子の嬰児は親の手で殺されやすかった。そのため、中国大陸における男女比率はつねに男が高く、男余り社会である。そんな社会で女性の寡占があったから、貧しい男は妻に恵まれなかったのだ。

毛沢東率いる共産党は、そうした中国の伝統的な女性の寡占にメスを入れた。毛沢東は農村のならず者らをけしかけ、富農、地主を殺させ、彼らの土地を農民に分配した。

これと同じように、女性も男たちに分配した。これまで一生涯、女性と縁のないと思われていた男たちに、妻を与えた。そこには労働力の増大という毛沢東の思惑もあったろうが、女性を得た貧しい男たちが毛沢東を支持しないはずがない。ゆえに、毛沢東は「紅い皇帝」たりえたのだ。

毛沢東の男女政策は、中国の人口を急激に増大させている。一九四九年の共産党政権誕生時、中国の人口は五億四千万人程度であった。それが、一九九〇年には十一億人を超えているのだ。

中華皇帝にも劣らぬ淫蕩ぶりだった共産党幹部たち

毛沢東時代の中国は性の暗黒時代にあったが、毛沢東を頂点とする共産党の幹部たちは別であった。彼らは、人民には性の快楽を否定しておきながら、みずからはひそかに性の快楽に耽りつづけていた。

毛沢東が、その代表になろう。彼は何度も妻を替えてきた人物だが、政権の成立後の正妻は江青であった。毛沢東は江青との性生活にほとんど興味を失っており、多くの女性とベッドを共にしていた。

毛沢東の日々の生活は、完全な夜型であった。彼は夜になると活気づき、ひとり観劇か映画鑑賞ののち、ダンスパーティーを愉しんだ。

そのための若い女性たちを、共産党の幹部たちは手配もしていた。毛沢東は中国

左から、林彪夫人の葉群、江青、林彪

各地の景勝地に別荘をつくらせ、そこにも女性を置いていた。毛沢東は各地で性愛に励み、子もできたというが、認知はいっさいしなかったという。

毛沢東はかつての中華皇帝のように、性の道楽を愉しんでいたが、彼の取り巻きたちもかつての中華皇帝に劣らなかった。文化大革命下、毛沢東に次ぐナンバーツーに躍り出たのは、林彪である。

林彪自身はすでに不能であった可能性があるが、彼はわが子・林立果のために総力で花嫁探しをはじめていた。将来、毛沢東が没したのち、林彪が政権を継承するなら、林立果は次なる「紅い皇帝」になるかもしれないからだ。

林彪の意を汲んだ軍は、中国全土から林立果の相手となる美女を探した。まるで、かつて隋の煬帝が全国から美女を集めて催した美女コンテストの再現を思わせる。このコンテストでは、最初に千五百人もの美女が選出され、最終審査に当たったのは、林立果本人と彼の母・葉群であった。選ばれたのは、南京歌舞団にあった張寧という女性であった。

林立果と張寧は婚約寸前までいくが、ふたりが結婚することはなかった。こののち、林彪父子の毛沢東暗殺計画が発覚、モンゴルに逃れようとした林彪一族は、一九七一年に謎の墜落死を遂げている。

毛沢東の側近たちは、じつは心身ともに不能になっていた?!

毛沢東は中華皇帝のごとく性に耽溺したが、じつのところ、毛沢東の近くにある実力者は違ったと思われる。共産党中央にある実務派の実力者たちには、性を愉しむ時間もなければ能力もなかったと推察できる。ナンバーツーとなった林彪や、あるいは周恩来らである。

すでに述べたように、毛沢東は夜型である。毛沢東は愛人と寝るベッドを執務室代わりにして、夜中に幹部たちを呼びつけることがたびたびあった。毛沢東に呼び出されたなら、すぐに毛沢東のもとに赴かねばならない。そう考えるなら、林彪や周恩来は、皇帝のごとく性を愉しむどころではなかったろう。

林彪の場合、不能であったと推察できる。毛沢東の侍医であった李志綏の『毛沢東の私生活』によるなら、林彪はモルヒネ中毒を患っていた。そのせいなのか、林彪の精神は破壊されていた。

同書によるなら、林彪はけっしてトイレを使わず、便意を催すと、布をテントのように自分の周囲に囲った。そして、妻の葉群が用意してくれた便器にしゃがみこんだという。

たしかにモルヒネ中毒の影響もあろうが、林彪には強い精神的なストレスが加わっていたと思われる。毛沢東は猜疑深い。彼に一度疑われはじめたら、酷い粛清さえも待っている。

そう思うなら、精神はささくれ、破壊され、排便ひとつもままならなくなる。林彪は最後には毛沢東の暗殺にはしるのだが、すでに性的能力も破壊されていたと思われる。

周恩来とて同じだろうと思われる。毛沢東に早くから寄り添わざるをえなかった彼は、早くにストレスに喘いでいたと思われる。彼は終生、実子に恵まれなかった。

さらにいうなら、文化大革命の嵐が吹き荒れた時代、多くの共産党幹部や知識人は生きた心地がしなかったと推測できる。いつ紅衛兵によるリンチがあるかもしれないと思えば、精神は破壊されていく。彼らもまた、性をひそかに愉しむどころか、不能になっていたのではあるまいか。

文化大革命での古参幹部の粛清は、毛沢東夫人の復讐劇だった

一九六六年、中国では毛沢東による文化大革命が発動する。文化大革命は、劉少奇に実権の多くを奪われた毛沢東の奪権闘争である。

毛沢東は少年少女を紅衛兵に仕立て、共産党幹部を攻撃させた。紅衛兵の暴力もあって、国家主席・劉少奇は打倒され、鄧小平もその地位を失った。

文化大革命では、彭徳懐をはじめ古参の幹部が紅衛兵の激しい攻撃に遭い、侮辱された。古参幹部の多くは、毛沢東にこれまで敵対してこなかったし、する気もなかった。

にもかかわらず、古参の幹部が激しい攻撃にさらされ、毛沢東もこれを止める気がなかった。そこには、毛沢東夫人である江青の古参幹部への強い恨みが働いてい

たからだ。

江青が毛沢東の心を射止め、彼と結婚するのは、すでに述べたように延安にあってのことだ。江青はもともと上海で女優をしていたが、彼女には野心があった。毛沢東の側近であった康生の紹介によって、江青は延安に向かった。のちに秘密警察の長となる康生は、かつて江青を愛人にしていたといわれる。

延安にあって、毛沢東は江青にぞっこんとなったが、毛沢東の周囲の幹部たちはこの結婚に猛反対した。彼には、賀子珍という妻があったからだ。賀子珍は病を患い、ソ連で療養中であったが、幹部らは革命のために行動を共にしてきた賀子珍の存在を無視するわけにはいかなかった。

さらに、毛沢東は賀子珍以前に、楊開慧という女性と結婚していた。楊開慧は国民党に逮捕され、殺されている。その記憶がある幹部なら、健気だった楊開慧とどこか浮薄な江青をくらべてしまう。

江青は、上海にあって男たちと浮名を流していた。共産党の幹部たちも、これに勘づいていただろう。毛沢東の名誉を守るためにも、幹部たちは毛沢東と江青の結婚を反対した。

結局のところ、幹部たちも毛沢東と江青の結婚に同意せざるをえなかった。幹部たちも、毛沢東が女なしにはいられない性格であることをよく知っていたからだ。ただ、幹部らは江青の野心を見てとり、彼女に政治に口出しさせないことを誓わせていた。これらがすべて、江青の恨みとなっていたのだ。

たしかに、江青は結婚してのちおよそ二十年間、政治に関与することはなかった。けれども、一九五九年に毛沢東が大躍進運動の失敗の責任をとって国家主席を退いてのち、江青は政治に関心を示しはじめる。毛沢東も、これを受け入れた。当時、毛沢東に味方する幹部は少なかった。劉少奇から権力を取り返すためには、毛沢東は妻・江青の力も借りたかったのである。

こうして江青関与のもと文化大革命が進行していくと、江青は復讐心をむき出しにしはじめる。江青の復讐心を満たすため、文化大革命では多くの古参幹部が犠牲になっていたのだ。

女の嫉妬によって、さらし者にされた元ファーストレディ

共産党の古参幹部を破滅の淵に追いやった毛沢東夫人・江青は、嫉妬の女でもあった。

江青は、毛沢東の寵を得た女性、自分よりも目立った女性に激しく嫉妬し、彼女たちを許さなかった。文化大革命が発動してのち、江青のなかに巣くっていた嫉妬の情念は爆発する。

江青の嫉妬の犠牲になった代表は、劉少奇夫人であった王光美である。文化大革命にあって、国家主席・劉少奇は毛沢東の最大のターゲットであり、彼は紅衛兵からたびたび激しい暴力を受けた。王光美もまた、大衆の前で辱められた。

王光美は、紅衛兵らによってピンポン玉を連ねた首飾りを巻かれ、大衆の前で激しく糾弾された。首飾りの先には、段ボール製のピンク色の大きなハートがあった。ピンポン玉を連ねただけの品の悪そうな首飾りは、王光美がいかにブルジョアに毒された女であったかを物語るものであり、大衆の憎悪をかきたてた。

王光美の徹底糾弾の背後にあったのは、江青であった。江青は王光美がファーストレディとして外国を訪問し、歓待を受けたことに嫉妬していた。それも、チャイナドレスに真珠のネックレス姿であったことに、怒っていた。

毛沢東夫人である江青には、みずからこそがファーストレディとして遇せられるべきであるという自負と思いこみがあった。

けれども、毛沢東は外遊嫌いであり、外遊の任を担当したのは、国家主席である劉少奇夫妻である。江青は、自分ではなく王光美が諸外国でファーストレディ扱いされていたことに我慢がならなかったのだ。

しかも、王光美は夫・劉少奇に愛されているし、子を立派に育てようともしている。江青はといえば、夫・毛沢東の愛を失い、子にも恵まれていない。女性としての幸せを比較するほどに、江青は王光美を憎むようになったと思われる。

江青の意思を受けた紅衛兵たちは、王光美を侮辱した。江青は、王光美の不格好かつ無残な姿を見て、ひそかに満足していただろう。

江青の嫉妬心の餌食にされたのは、王光美だけではない。周恩来の養女であった孫維世もまた江青に憎まれ、文化大革命下、惨死を遂げている。

周恩来が孫維世を養女としたのは、彼女の父が国民党に殺害されたからだ。周恩来が彼女の父の能力を評価していたこともあって、子のない彼は孫維世を養女とした。周恩来の養子には、政治家の李鵬もいる。

孫維世は養父・周恩来の指示によりモスクワに演劇留学をした経験があり、語学に堪能であったうえ、女優、演出家としても成長していた。

一九四九年、中華人民共和国が成立ののち、毛沢東はスターリンのソ連に支援を仰ぐべく、モスクワに向かう。このとき、通訳として毛沢東と共にあったのが、孫維世だ。毛沢東はモスクワで孫維世に魅せられて、彼女を犯したといわれる。

これが、のちに江青の耳に入って以来、江青は孫維世に憎しみを抱きはじめる。さらに孫維世が女優として、演出家として活躍しはじめると、江青の彼女への嫉妬と憎悪はより激しくなった。

江青はといえば、毛沢東と結婚する前は売れない女優であった。毛沢東のお手つきが女優として大成するほどに、江青は嫉妬に駆られていた。文化大革命の発動は、江青にとって仇を成すチャンスであった。

文化大革命下、孫維世は江青の策動によって逮捕、投獄された。養父である周恩来は、養女の危機にどうすることもできなかった。彼は、毛沢東と江青の連携を恐れるばかりであった。孫維世の逮捕状には、周恩来も署名させられている。

その後、孫維世は獄中死するが、遺骸は全裸であったという。獄中で輪姦された末の死であったとされ、その背後には江青があったと噂されている。

「上山下郷運動」時代に女性が進んで慰安婦になった理由

中国の文化大革命の時代、中国の「性の暗黒時代」は頂点に達したが、そのいっぽう、農村では事情が違った。農村の共産党の幹部たちは、性を貪っていたのだ。それは、「上山下郷運動（下放）」のもたらした悲劇でもある。「上山下郷運動」とは、都市の若者を山深い農村に追いやり、農業に従事させるというものだ。

上山下郷運動は、いわば紅衛兵の厄介払いであった。毛沢東が文化大革命を発動させ、権力の奪回に動き出したとき、若い男女からなる紅衛兵は彼の尖兵となって、政府の実力者たちを殴打し、吊るし上げた。

けれども、毛沢東が権力を掌握してしまえば、もう紅衛兵は用済みである。毛沢東は、紅衛兵の男女を農村に放り出したのだ。

毛沢東は、もともと農村革命を重視してきた。都市の若者に農村を実体験させるという名目もあったが、それは地域によっては過酷なものになった。青年らは重労働を押しつけられるいっぽう、若い女性は地方の党幹部たちの慰みものになっていったのだ。

なにしろ、都会から若い女性が続々と農村に押し寄せてくるのだ。地方の共産党の幹部がみずからの地位を利用するなら、いくらでも女性を好きに弄ぶことができる。抵抗する女性への強姦は多々あったとされる。

そのうち、女性のほうからもみずからが肉体を提供するようにもなる。下放された女性の少なからずは、都会とは懸絶した農村の生活に深く失望する。なんとかして都会に戻りたい、両親のもとに帰りたい。そう思った女性たちは、地方の党幹部に肉体を提供、性的なサービスをして、見返りに都市に帰るための「推薦状」を得ていたのだ。

文化大革命の嵐が終わってのち、下放は中国の男女に影を落としている。というのも、男たちは下放経験のある女性との結婚を避けるようになったからだ。男たちは、下放された女性の多くが強姦され、性体験をもってきたことに勘づいていた。すでに共産党政権下、中国では妻となる女性は処女でなければならないという風潮が復活している。処女にこだわる男たちは、下放経験のある女性を結婚候補から外していたから、下放経験のある女性は社会で生きづらくなっていたのだ。

少数民族の地に漢族女性を送りこむ中国政府の謀略とは

現在、中国の新疆ウイグル自治区で進行しているのは、回族ムスリムたちの民族浄化（エスニック・クレンジング）である。中国政府はムスリムたちが子孫を残せないような弾圧にはしり、さらには漢族を移住させ、漢族の人口の増大を図ってきている。

新疆への漢族の強制移住は、毛沢東の時代からはじまっている。そのあり方は、先の「下放運動」に近い。共産党政府は、まずは数十万人の独身兵士たちを新疆に移住、開拓させた。彼らは性に飢えていて、妻を求めていた。そこで、共産党政府は、頑張っている兵士には報奨として妻を与えると約束し、新疆に女性を送りこんだのだ。

当初、新疆に送られたのは、元娼婦たちである。二十世紀前半、中国は世界最大の娼婦を抱える国であったと思われる。

一九四九年、中国共産党政権の成立以降、中国には売春婦が存在しないことになっていた。娼婦たちがどうなっていたかというと、思想改造所に送られたのち、強制的に新疆に送られ、兵士たちの妻にさせられていたのだ。

ただ、それでも新疆の兵士には、妻となる女性の数が足りない。そのため、政府は湖南省で看護婦募集と偽り、数千人の女性を集め、新疆に送りこんでいた。

中国の新疆における漢化政策は、女性を犠牲にしてのものでもあったのだ。

終　拝金の時代に乱倫な性文化が復活！

改革開放と共に「中国人の性」も解き放たれた！

中国では毛沢東による文化大革命下、性は禁圧され、男女は息苦しい思いのなかにあった。けれども、一九七〇年代末あたりから、中国人の性は「解放」に向かう。毛沢東が死去し、鄧小平が実権を掌握したからだ。

鄧小平が推し進めようとしたのは、経済の「改革開放」である。当時、毛沢東の発動した文化大革命によって、中国経済は荒れ果てていた。鄧小平は経済建設をめざし、中国市場を外資にも「開放」する。このとき、資本と共に中国大陸に流入をはじめたのが、日本や欧米のエロ文化である。

中国大陸の住人たちが、外来のエロ文化に触れたとき、そこには大きな衝撃があったろう。

それまで女性の肌といえば、せいぜい顔か指先くらいしか見ることができなかった。そこに、女性のヌード写真満載の雑誌までが流入してきたのだ。中国では、これまで強く抑制してきた男女の性欲が、一気に頭をもたげはじめたのだ。

さらに、アダルトビデオの衝撃もあった。すでに一九七〇年代後半、日本や欧米ではビデオデッキの開発と普及によって、一家に一台のビデオデッキ時代の幕が開けようとしていた。

日本でも裏ビデオが出回りはじめ、一九八〇年代になると、アダルトビデオが大人気となる。アダルトビデオは中国にも流入、中国の男女は興奮し、性の抑制の箍を壊していったのだ。

共産党政権は、この性の「開放」を黙認していた。改革開放の旗手である鄧小平は、ダンスパーティーを好まない男であり、女っけがない。それでも彼は、みずからのストイックさを他人に押しつけることはなかった。

鄧小平にすれば、中国の経済が進展するなら、自国の男女がどうあろうとかまわなかったのだ。

エロ大国なのに「ポルノ一掃運動」も叫ばれる理由

改革開放によって解き放たれた中国人の性欲は、一九九〇年代以降、大爆発する。共産党の幹部や子弟は女遊びにはしり、女子アナウンサーやタレントらも、ものにした。いったんは消滅していた売春産業も復活した。

共産党政府は、性の乱倫（らんりん）を強くは咎（とが）めず、規制もしない。そこには、共産党政権の意図もあろう。

中国共産党政権は、一九八九年に第二次天安門事件を経験している。現代中国最大の民主化要求事件であり、鄧小平はこれを戦車で押しつぶした。以後、天安門事件は共産党政権のトラウマとなり、天安門事件を語ることは中国では犯罪に等しくなっている。現在、中国史から第二次天安門事件は消去されてしまっている。

天安門事件以後、中国政府が恐れつづけているのは、民主化要求の声だ。共産党政権にとって民主化はありえず、政府民主化の代わりに民衆には経済的な豊かさを与えた。

政府が性風俗を大目に見るようになったのも、その延長線上にある。中国の男女がセックスにうつつを抜かすほどに、民主化云々を唱えなくなると見たのだ。

このあたりは、共産党政権は日本や韓国の事例を見てとっている。日本では一九六〇年代の学園闘争を経験して以来、「三S政策」がとられるようになった。つまり若者をスポーツ、スクリーン(映画)、セックスなどに夢中にさせ、政治を忘れさせる政策だ。

韓国でもこの政策がとられ、とくに日本の若者は政治にまったく無関心になってしまった。共産党政権はこれに学び、性風俗を禁圧しなくなったのだ。

ただ、そうは言いながらも、共産党政権はときおり「掃黄運動(ポルノ一掃運動)」を打ち出し、性の取り締まりを行なう。運動では、共産党の幹部から一般人までが取り締まりの対象になる。

現代中国における反ポルノ運動は、たぶんに政治的な側面が強く、また共産党の本質を表したものでもある。いくら始祖・毛沢東がみずからの性欲をコントロールできなかったとはいえ、共産党はもともとはあらゆる欲望を否定し、人民に奉仕するストイックな組織として出発した。

性はブルジョア自由主義の象徴でもあった。経済で不正が横行し、売春がエスカレートすると、共産党にも原点に戻ろうとする動きが多少なりとも生まれる。

ここに、政治家の人気獲得の策動が絡(から)んでくる。中国経済が拡大するほどに貧富の差が生まれ、多くの民衆には鬱屈(うっくつ)が生まれる。このとき、政治家が「反腐敗」の名のもと、大物の乱倫までも取り締まるなら、民衆は溜飲(りゅういん)を下げる。悪者退治をしてくれたと、政治家の人気は上がる。

こうした事情が絡み合い、中国政府は男女の奔放(ほんぽう)を黙認しながらも、ときおり奔放の抑制にもかかるのだ。

「ひとりっ子政策」による男余りが生みだした中国の闇とは

中国では、一九七九年から「ひとりっ子政策」をはじめている。毛沢東の時代、多くの男が妻を得たことで、中国の人口は増大した。これ以上増大するなら、将来は食糧難さえも予測され、鄧小平の時代にひとりっ子政策に踏み切った。

この時代でも、残ったのは「溺女(できじょ)」の習慣だ。すでに述べたように、中国の家庭では跡取りとなる男児の誕生を望み、女児を望まない。女児が生まれた場合、女子を捨てておいて、餓死するか、病死するかに任せた。あるいは、親の手でひそかに殺してしまうこともあった。

共産党政権は「溺女」を禁止してきたが、ひとりっ子政策は「溺女」をエスカレートさせる結果となった。そのため、ひとりっ子政策下の現代中国でも男余りがつづいている。中国の農村部では、男百二十対女百くらいがざらになっている。

この男余り社会でひそかに起きているのは、女性の拉致、あるいは売買である。男たちは、女性をさらってでも、あるいは人身売買によってでも、妻を得て、男の子の跡継ぎを産ませたいのだ。

あるいは、「換婚」によって妻を手に入れることもある。農村部ではふたり目を産めることもあるから、その場合、自分の姉妹をある男の妻とし、その男の姉妹を自分の妻とする。

「典妻」という方法もある。これは、期限付きで他人の妻を借りるというものだ。たいてい困窮している家庭の妻が狙われ、金と交換にその妻を借り受け、性を営む。男の子が生まれるなら、借りたほうの男の子になるから、跡取りが保証されることになる。

現代、中国の男女は性的な放埓にある。そのいっぽう、男児重視という伝統思想にいまだ縛りつけられもしているのだ。

◉左記の文献等を参考にさせていただきました――

「中国性愛文化」劉達臨、「中国近世の性愛」呉存存、「中国遊里空間」大木康（以上、青土社）／「性愛の中国史」劉達臨、「宦官」顧蓉・葛金芳（以上、徳間書店）／「中国性愛博物館」劉達臨（原書房）／「宦官 改版」三田村泰助、「毛沢東最後の女」京夫子、「中国文明の歴史2 春秋戦国」貝塚茂樹、「中国文明の歴史3 秦漢帝国」日比野丈夫、「中国文明の歴史4 分裂の時代 魏晋南北朝」森鹿三、「中国文明の歴史5 隋唐世界帝国」外山軍治、「中国文明の歴史6 宋の新文化」佐伯富編、「中国文明の歴史8 明帝国と倭寇」三田村泰助、「中国文明の歴史9 清帝国の繁栄」宮崎市定、「中国文明の歴史10 東アジアの開国」波多野善大、「中国文明の歴史11 中国のめざめ」宮崎市定、「世界の歴史2 中華文明の誕生」尾形勇・平勢隆郎、「世界の歴史12 明清と李朝の時代」岸本美緒・宮嶋博史（以上、中央公論新社）／「中国五千年 性の文化史」邱海濤（集英社）／「愛と欲望の中国四〇〇〇年史」金文学、「紫禁城の黄昏（上）（下）」Ｒ・Ｆ・ジョンストン（以上、祥伝社）／「中国の性愛テクノロジー」大沢昇（青弓社）／「中国 驚愕の性奴隷」鳴霞（青林堂）／「纏足の発見」東田雅博（大修館書店）／「性からよむ中国史」スーザン・マン（平凡社）／「肉麻図譜」中野美代子（作品社）／「ラストエンペラーの私生活」加藤康男（幻冬舎）／「宋王朝（上）（下）」スターリング・シーグレーブ（サイマル出版会）／「妻も敵なり」岡田英弘（クレスト社）／「やはり奇妙な中国の常識」岡田英弘（ワック出版）／「中国の性愛術」土屋英明（新潮社）／「毛沢東の私生活（上）（下）」李志綏、「周恩来秘録（上）（下）」高文謙、「独裁の中国現代史」楊海英（以上、文藝春秋）／「江青に妬まれた女 ファーストレディ王光美の人生」譚璐美、「消された国家主席 劉少奇」王光美・劉源（以上、ＮＨＫ出版）／「中国がひた隠す毛沢東の真実」北海閑人（草思社）／「中国諜報機関」ロジェ・ファリゴ、レミ・クーファー（光文社）／「世界の宗教5 儒教の歴史」「世界史リブレット68 東アジアの儒教と礼」小島毅（以上、山川出版社）／「インド・中国・日本 仏教通史」平川彰（春秋社）／「なぜ論語は『善』なのに、儒教は『悪』なのか」石平、「中華帝国の興亡」黄文雄（以上、ＰＨＰ研究所）／「儒教の本質と呪縛」黄文雄（勉誠社）／「宮崎市定全集」宮崎市定（岩波書店）／「興亡の世界史17 大清帝国と中華の混迷」平野聡、「春秋戦国志（上）（中）（下）」「中華帝国志（上）（中）（下）」安能務（以上、講談社）／「毛沢東秘録（上）（下）」産経新聞「毛沢東秘録」取材班（産経新聞社）／「中国はいかに国境を書き換えてきたか」平松茂雄（草思社）／「現代中国を形成した二大政党」北村稔（ウェッジ）／「現代中国と日本」岡田英弘（新書館）／「世界の歴史3 中国のあけぼの」貝塚茂樹・大島利一、「世界の歴史7 大唐帝国」宮崎市定、「世界の歴史11 アジアの征服王朝」愛宕松男、「世界の歴史14 明と清」三田村泰助、「世界の歴史20 中国の近代」市古宙三（以上、河出書房新社）

性と淫蕩の中国史

二〇二二年一〇月三〇日　初版発行

著　者……内藤博文
企画・編集……夢の設計社
東京都新宿区山吹町二六一〒162-0801
☎〇三―三二六七―七八五一（編集）
発行者……小野寺優
発行所……河出書房新社
東京都渋谷区千駄ヶ谷二―三二―二〒151-0051
☎〇三―三四〇四―一二〇一（営業）
https://www.kawade.co.jp/
装　幀……こやまたかこ
印刷・製本……中央精版印刷株式会社
ＤＴＰ……イールプランニング
Printed in Japan ISBN978-4-309-48574-4